新・教職課程シリーズ

教育心理学
Psychology of Education

田中智志・橋本美保[監修]
遠藤 司[編著]

一藝社

監修者のことば

　本書は、一藝社「新・教職課程シリーズ」全10巻の1冊として編まれた教科書であり、「教職に関する科目」の「教育の基礎理論に関する科目」の一つ「幼児、児童及び生徒の心身の発達及び学習の過程（障害のある幼児、児童及び生徒の心身の発達及び学習の過程を含む）」に対応しています。

　子どもたちの心身の発達と学習の過程は、子どもたちの生活環境や家庭環境に大きく左右されますが、同時に教師が学校で行う教育活動にも大きく左右されます。教師の教育活動は、いわば、子どもたちの「世界」を大きく変えることができます。教師の働きかけによって、今までできなかったことができるようになるとき、不安や孤独が癒やされるとき、子どもたちの世界は明るく彩られていきます。

　子どもたちの「世界」を変え、よりよく成長させる契機としての教師の教育活動は、集団に対する活動と個人に対する活動にわけられます。授業は、多くの場合、集団に対する活動です。学級の雰囲気、人間関係、サブグループの関係など、集団としての子どもたちの状態を把握することが、こうした集団に対する教育活動においては大切です。これに対して、教育相談は、ほとんどの場合、個人に対する活動です。個人に対するときは、子どもの生活環境、家庭・学校・地域における人間関係、生育歴など、当人の固有な背景を把握することが大切です。子どものふだんの生活が充分に望ましい人間関係で彩られていないとき、学習に集中できなかったり、荒れた態度をとったりします。

　教師が集団としての、また個人としての子どもたちによりよく働きかけるためには、子どもたちの心身や発達についての知識が必要です。教育心理学は、そうした子どもたちの心身や発達についての学術的な知識です。ただし、それは理論的な知識です。学びは、理論的なものと実践的なものに分けられます。理論的な知識は、書かれた言葉によって学ぶことができますが、実践的な知識は、自分の活動のなかでのみ学ぶことができます。

教育心理学も同じで、書物をつうじて理論的に学ぶことができるだけでなく、日々の教育実践をつうじて実践的に学ぶこともできます。

　みなさんが教師となり、実践的に学ぼうとするときに、ぜひ身につけてほしい姿勢があります。それは、子どもたち一人ひとりのよりよく生きる意欲を信じ、しなやかに・ゆったりと子どもを気遣い続けるという姿勢です。子どもへの教育活動の基礎は、子ども一人ひとりの個別的な情況を慮りつつも、子どもたちすべてにある、よさに向かう潜在的な力を信じることです。このよさに向かう潜在的な力を信じるという態度こそが、教師自身の実践的な学びを支え、教育的な思考を深めていきます。

　現代社会は、子どものよりよく生きたいという切実な想いよりも、子どもの学力・能力・成果などを重視する傾向にあります。現代社会が、人の存在を、有用性・有能性へと縮減する傾向にあり、人を、ますます競争を駆りたてる傾向にあるからです。こうした社会を背景として、失敗したり否定されたりして自信を失い、ポジティブな未来を描けなくなっている子どもたちは、自分の失敗や否定の言葉を自分の責任ととらえてしまい、ますます寄る辺なき状態に追いやられがちです。教師は、こうした子どもたちの寄る辺なさをよく理解するとともに、子どもたちの、そして私たち自身の、潜在的な力が向かうところを体現するべきです。それは、人と人が無条件に支えあい、ともに生きることです。

　本書は、教育心理学について深い見識をもつ遠藤司氏の明解な編集方針のもと、教育心理学の意義を丁寧に示すことで、未来を創造する子どもたち一人ひとりに、人として真に豊かに生きるための、もっとも重要な方途を示唆する教科書となっています。教職を志すみなさんが、本書をつうじて、人間性豊かな、よりよい教育実践の学術的な礎を築かれることを、心から願っています。

　2014年2月吉日

監修者　田中智志
　　　　橋本美保

まえがき

　教育について学ぶというとき、学ぶべき対象や領域は極めて多岐にわたる。教育という行為が、人類により長年にわたり実際に積み重ねられ、あらゆる視点から考えられてきた問題だからである。そして、教育について考えられてきた領域の一つに「教育心理学」がある。

　本書は、教職を目指す人、あるいは、教職について学ぼうとする人のためにつくられた、「教育心理学」のテキストである。本書を通して、読者が、教育心理学あるいは教育一般について、広くかつ深く学ぶことにより、よりよい実践を積み重ね、良き教師、教育者になることを目指して本書は編まれている。

　本書の構成は以下のようになっている。

　序章の「教育心理学とは何か」では、そもそも教育心理学とはどのような学問であり、何ゆえに教職を目指す者が学ばなければならないのかについて述べている。

　第1章の「発達の理論」では、発達とは何か、人間はどのように発達していくのかについて、生涯発達、発達段階と発達課題等の視点から述べている。

　第2章の「各時期の発達の様相」では、出生から老いて死にゆくまでの生涯発達の視点から、発達段階と発達課題等について述べている。

　第3章の「学習の理論」では、学習という視点から人間をとらえつつ、学習理論を概説し、教育実践、特に学校教育との関わりについて述べている。

　第4章の「教授と学習」では、教授の理論について概観し、教師に求められる役割と素養について、「よく教える」ために何が必要かを述べている。

　第5章の「動機づけの理論」では、教育心理学の中で「やる気」がどのように扱われてきたか、学習者にとって自律的な動機づけがいかに重要であるかを述べている。

　第6章の「知能と学力」では、「頭の良さ」にこめられた意味に関する理論を概観し、学習者の教育上の利益に資するために考えなければならな

いことを述べている。

　第7章の「教育の評価」では、「正当に評価されること」の重要性を示し、成長の過程の中でそれを教えることの意味について述べている。

　第8章の「授業の実践と研究」では、授業の実践・研究について概観し、よりよい授業を考えるための心理学的知見や授業実践について述べている。

　第9章の「学級集団～人間関係の発達～」では、子どもの学級、友人関係に与える教師の影響について概観し、教師のできる指導や援助について述べている。

　第10章の「パーソナリティの問題と生徒理解」では、パーソナリティをとらえる視点、形成の過程について概観し、学校での適応・不適応との関係について述べている。

　第11章の「問題行動と教育相談」では、現代社会を生きる子どもたちの問題行動を概観し、教育相談の姿勢の重要性について述べている。

　第12章の「障害児の心理と教育」では、発達障害を中心に障害児について概観し、その指導・支援のあり方について述べている。

　第13章の「教育実践の記述」では、教育実践を記述する意味を明らかにし、他の実践者や研究者にとって有意義な記述のあり方について述べている。

　終章の「教育実践と教育心理学」では、教育心理学を学ぶことと教育実践を積み重ねることとの関係の重要性について述べている。

　末筆ながら、ご多忙の中、貴重な原稿をご執筆いただいた執筆者の皆さまに、厚くお礼申し上げたい。また、一藝社の藤井千津子氏には、本書作成のあらゆる段階において多大なるお力添えをいただいた。心より感謝申し上げる。

　本書が、教職を目指す方々の、また、教職について学ぼうとしている方々の学びに、ほんの少しでもお役にたてれば幸甚である。

2014年2月吉日

編著者　遠藤　司

「教育心理学」もくじ

監修者のことば　3
まえがき　5

序章　教育心理学とは何か　11

　第1節　教育心理学とは
　第2節　子ども・児童・生徒を理解するために
　第3節　教育者としてかかわること
　第4節　実践者として生きること

第1章　発達の理論　23

　第1節　発達とは何か
　第2節　生涯発達
　第3節　発達段階と発達課題

第2章　各時期の発達の様相　35

　第1節　発達とは
　第2節　各発達段階の特徴（乳児期〜学童期）
　第3節　各発達段階の特徴（青年期〜老年期）

第3章 学習の理論　47

第1節　行動主義の学習理論
第2節　認知主義の学習理論
第3節　社会的構成主義の学習理論

第4章 教授と学習　61

第1節　知識・技能を重視する教授理論
第2節　意欲・態度を重視する教授理論
第3節　「よく教える」ために何が必要か

第5章 動機づけの理論　75

第1節　動機づけとその種類
第2節　動機づけの理論
第3節　動機づけが高まるとき・下がるとき
第4節　原因帰属

第6章 知能と学力　89

第1節　知能測定の歴史
第2節　知能の理論
第3節　最近の知能理論
第4節　知能と学力の関係

第7章 教育の評価　103

第1節　教育場面において評価することの意味

第2節　どのタイミングで評価するのか
第3節　どのように評価するのか
第4節　評価の現代的発展
第5節　評価の難しさと評価の影

第8章　授業の実践と研究　*117*

第1節　授業の実践と研究の伝統
第2節　授業実践のヒントになる心理学的知見
第3節　より良い授業とは？

第9章　学級集団〜人間関係の発達〜　*131*

第1節　学級とは
第2節　人間関係の発達に教師が与える影響
第3節　友人が人間関係に与える影響
第4節　まとめ〜友人関係形成の援助

第10章　パーソナリティの問題と生徒理解　*145*

第1節　パーソナリティとは何か
第2節　パーソナリティをとらえる視点
第3節　適応・不適応と生徒理解

第11章　問題行動と教育相談　*155*

第1節　問題行動の理解と支援
第2節　教育相談
第3節　子どもの問題に向き合う方策

第12章 障害児の心理と教育　169

第1節　障害の種類
第2節　障害児への教育
第3節　障害児への支援
第4節　障害児教育の工夫

第13章 教育実践の記述　183

第1節　教育実践の「記述」とは何か？
第2節　何をどう書けばよいか？
第3節　どうすれば書けるか？

終章 教育実践と教育心理学　197

第1節　教育心理学を学んだ上で教育実践をすること
第2節　実践から学ぶ
第3節　実践者としての学び

監修者紹介　207
編著者・執筆者紹介　208

教育心理学とは何か

遠藤　司

はじめに

　本書は、『新・教職課程シリーズ』の第4巻として構成されている。この本を手に取っているのは、教師・教育者になろうという志を抱いている人であるか、少なくとも教職について学ぼうとしている人であろう。よりよい教育の担い手になろうとしている人たちにとって、教育心理学を学ぶ意味は何であるかをまずは考えてみたい。この問いに対する答えはさまざまに考えられるが、第一には、教育心理学を学ぶことにより、より良い教育活動を行うことができるようになり、より良い教育実践を積み重ねることができるようになるということが挙げられよう。そうでなければ、わざわざこの本を手に取り、教育心理学を学ぶ意味はないと言える。本書の各章を通して教育心理学を具体的に学ぶ前に、本章で、よりよい学びが可能となるには、どのような問題意識を持って学びに臨むべきか、若干の留意事項を述べておきたい。

第1節　教育心理学とは

1　教育心理学の定義

　現在、心理学の研究領域は、発達心理学、学習心理学、認知心理学、パーソナリティー心理学、臨床心理学、社会心理学、コミュニティ心理学、人間性心理学、家族心理学など、極めて多岐にわたる領域に分かれ、広範囲に及んでおり、「教育心理学」は、その中の一つの領域と見られている。教育心理学の定義は、さまざまな形で考えられているが、教育活動を行うことに伴って教育者と被教育者、つまりは、教える者と学ぶ者との間に起こるさまざまな事柄や、教育の場において起こるさまざまな問題について、心理学的視点から研究する学問であると位置づけられている点においては、共通の考え方が提示されていると言えよう。

確かに、「教育心理学」というからには、「教育」が行われている場において起こるさまざまな問題を研究するということを外すことはできない。さらに、これらの問題について、ただ研究するだけではなく、「教育」をより良いものにするために、その研究は行われなければならないという視点も欠かせない。すなわち、教育心理学は、教育実践と深く結びついた学問であるということをまず認識しなければならないのである。教育心理学を学んだ者は、少なくとも、学ぶ前の状態よりも、より良い教育活動を行うことができるようになっていなければならない。このことが成立していなければ、教育心理学を学んだとは言えないのである。では次に、より良い教育活動を行うことができるようになるためには、どのような学びが必要であるのかを考えてみたい。

2　子ども・児童・生徒の理解

　より良い教育活動を行うために、教育者である人間がかかわる相手である子ども・児童・生徒のことをよく知る、理解することが必要であろう。かかわる相手である子ども・児童・生徒が、今、現在どのような学びの状態にあり、どのような課題や問題を抱え、どのような人間関係を生き、どのような世界を生きているかなどのことを知らずに、教育的に適切にかかわることができるとはとうてい考えられない。

　子ども・児童・生徒を理解するためには、まず、彼らを理解するための視点を持つことが重要である。人間を理解するための視点については、古くから、哲学、医学、生理学などの分野において、多種多様な形で考えられ、提示されてきた。そして、心理学という学問分野においても、人間を理解するための視点が考えられ、その中の一つの領域である教育心理学では、「教育」という、極めて人間的な営みに携わっている人間を理解するための視点が、さまざまな仕方で考えられ、提示されてきたのである。ここで、それらの視点を概観することにより、教育心理学において何がどのように考えられてきたのかをまず見ていくこととしたい。

第2節　子ども・児童・生徒を理解するために

1　子ども・児童・生徒を理解するためのさまざまな視点

（1）発達

　人間を理解する際に、今、どのような発達段階にあるのかという視点からとらえようとする。人はどのようにして発達していくのかという問題について基礎的な理解をしたうえで、ある段階にいる者は何ができ、また何ができないのか、何を課題としているのか、などの視点からとらえる仕方である。

（2）学習

　人間を理解する際に、学び続ける存在という視点からとらえようとする。人は何をどのようにして学習するのか、学習が成立するというのはどのようなことなのか、さらには、学習が最もよく進むのはどのような場合であるのか、また逆に、学習が阻害されるのはどのような場合であるのか、などの視点からとらえる仕方である。

（3）学力

　人間を理解する際に、学び続ける存在ととらえたうえで、今、どのような力を有しているのかという視点からとらえようとする。そもそも学力とは何であるかということを考え、学力を持つことがその人にとってどのような意味を持つことになるのか、また、適切な形で学力を伸ばすためには、どのようなことが必要なのか、などの視点からとらえる仕方である。

（4）人格・パーソナリティー

　人間を理解する際に、ある人格・パーソナリティーを持って生きている存在という視点からとらえようとする。内向型―外向型などの、人格的傾

向を示すための基準を通して、その人がどのような人格・パーソナリティーをもって生きている存在であるかを明らかにする。さらに、人格形成という視点から人間をとらえ、望ましい形での人格形成が実現するためには何が必要なのか、などの視点からとらえる仕方である。

(5) 適応

人間を理解する際に、社会や環境に適応的に生きている存在という視点からとらえようとする。人はどのようにして社会や環境に適応することができるのか、あるいは逆に、適応的に生きることができない状態にある場合、どのような要因がそうさせているのか、また、そうした人たちにどのような援助をしていけばよいのか、などの視点からとらえる仕方である。

(6) 人間関係

人間を理解する際に、他者との関係を生きている存在という視点からとらえようとする。人はどのようにして他者との関係を作り、その関係を発展させていくのか、さらには、他者との関係の中で生きる自分をどのようにして成長させていくのか、などの視点からとらえる仕方である。

(7) 集団

人間を理解する際に、自分の所属する集団の中で生きている存在という視点からとらえようとする。人はどのようにして集団を作り、集団の中に入り、集団の中での自分の位置を生きていくのか、さらには、人が生きていくうえでどのような集団が形成されることが望ましいのか、また、集団自体を良いものにしていくためにどのようなことをすべきなのか、などの視点からとらえる仕方である。

(8) 障害

人間を理解する際に、障害児（者）の生き方から、人間としての生き方をあらためて考えるという視点からとらえようとする。障害のある人をど

のように理解し、どのようにかかわり、寄り添うかということを考えながら、人間の発達、学習、適応などのあり方をあらためて理解しようという視点からとらえる仕方である。

(9) 評価

人間をさまざまな観点からとらえようとする際に、適切な評価の仕方を持つことは極めて重要なことである。人をとらえ理解するために、どのような規準や尺度を持たなければならないのであろうか。他者との比較により評価する仕方、ある規準に照らして評価する仕方、その人の成長度を評価する仕方など、教育心理学の中で考えられてきた評価の仕方について知ることも、人間を理解するために極めて重要なことである。

2　理解から方法へ

以上、述べてきた視点から人間を見るとき、この人はどのような発達段階にいるのか、どのような学びを必要としているのか、どのようにして適応的に生きているのか、どのような人間関係を作り、どのような関係の中で生きているのか、どのような集団の中で生きているのか、などの視点から理解することができるようになる。その理解に基づき、課題となっていることを具体的に見いだしたうえで、適切な教育活動を行うことができるようになるのである。

そのためには、まずはそれぞれの視点について、教育心理学の中でどのような考え方が提示され、今、どのように研究がなされているのかということについて学ばなければならない。教育心理学を学ぶことの意味は、まずはこのことに見いだされる。

ここまで、教育者としてかかわるべき相手としての子ども・児童・生徒を理解するための視点について考えてきた。これらの視点から彼らの理解を深めた上で、どのようにして適切なかかわり方を見いだせばよいのか、すなわち、教育の方法を見いだせばよいのかということがさらなる問題となる。以下、教育者としてのかかわり方を見いだすために、教育心理学を

学ぶことがどのような意味を持つことになるのかについて考えていくことにしたい。

第3節　教育者としてかかわること

1　教育的にかかわることの意味

　教育者として子ども・児童・生徒とかかわり、それを教育活動としていくことについてあらためて考えてみる。単に人とかかわることと、教育的に人とかかわることと、異なっているのはどのようなことであろうか。

　子ども・児童・生徒にかかわることが教育活動になるためには、その活動を行う前と、行った後とで、子ども・児童・生徒の世界が変わるということがなければならない。単なるかかわりとの根本的な違いはこのことに見いだされる。

　子ども・児童・生徒の世界が変わるというのは、少々大げさにすぎる言い方になっているかもしれない。この場合、子ども・児童・生徒が成長するという言い方のほうがよりイメージしやすくなるであろう。教育者が子ども・児童・生徒とかかわることにより、たとえば、「学び」という点で、あるいは「適応」という点で彼らが成長を遂げたとき、そのかかわりは教育活動として成立する。より具体的に言うならば、教育活動が行われることにより、子ども・児童・生徒の学力が上がり、社会への適応力が上がり、人格が望ましい形で形成され、彼らの所属する集団がより良いものになり、彼らの抱えている課題や問題が解決される、などが起こることが必要である。教育心理学では、子ども・児童・生徒が成長するための環境、条件、方法をさまざまな視点から見いだそうとしてきた。そして、それらの中の、極めて重要な一つの事柄として、教育者のかかわり方が考えられてきたのである。

2　教育者としてのかかわり方

　教育者のかかわり方として考えられてきた事柄について、例を挙げて見てみたい。

（1）対集団のかかわり

　たとえば、学びの面で子ども・児童・生徒の集団にかかわることが「授業」である。学びは子ども・児童・生徒が個人として行うことであるが、集団でいる子ども・児童・生徒に学びを促す仕方として授業という形式がとられてきた。教育者は、どのような授業をすれば子ども・児童・生徒が学びという点でより良い成長をすることができるかという視点から、より良い授業の仕方を考え実践する。子ども・児童・生徒の学びの面での成長を促し、教育活動となることを願って授業をするのである。

　あるいは、集団形成の面で集団にかかわることが「学級経営」である。今、現在の子ども・児童・生徒の集団の状態を把握したうえで、より良い集団にしていくためのさまざまな学級経営の仕方を考え実践していく。子ども・児童・生徒の集団作りという面での成長を促し、また、教育活動となることを願って、子ども・児童・生徒の集団とかかわるのである。

（2）対個人のかかわり

　たとえば、学びの面でつまずいたり、困難な状態に直面している子ども・児童・生徒にかかわるとき、現在の学びの状態を的確にとらえながら、学びのプロセスとして位置づけたうえで、次の課題を提示しなければならない。現在の状態をとらえることは学びの状態を評価することに他ならない。評価は個人単位で行われるべきであり、適切な評価の仕方をすることにより、どのようにかかわればよいのかが分かり、それによって子ども・児童・生徒の成長を促し、教育活動を行うことができるのである。

　あるいは、適応の面で、個別の課題や問題を抱えている子ども・児童・生徒にかかわることが教育相談である。現在の子ども・児童・生徒の状態

を把握したうえで、課題や問題を解決していくためには、どのようにかかわればよいかを考え実践していく。子ども・児童・生徒が課題や問題を抱え困難な状態にあるときに、適切な援助をすることにより、彼らが自ら問題を解決し、成長を遂げることを願い、教育活動を行うのである。

　いずれの場合も、先述したさまざまな視点による子ども・児童・生徒の理解を基に、最適なかかわり方を考えることが重要である。あらゆるかかわりの場面の中での、教育者としての自分自身のあり方を考えなければならない。それらをより良い方法で考えることができるようになるために、教育心理学を学ぶのである。

第4節　実践者として生きること

1　教育実践の意味

　ここまで述べてきたように、教育者は、子ども・児童・生徒をさまざまな視点から理解し、適切なかかわり方を見いだしたうえで、彼らの成長という結果を持った教育活動を行わなければならない。このような形で実際に行われた行為全体を、「教育実践」としてとらえることができる。ここにおいて、教育活動を行う者は、教育実践者となるのである。

　教育心理学を学び、子ども・児童・生徒をより深く理解できるようになり、彼らに対してより良い教育活動を行うことができるようになれば、より良い教育実践が行われるようになる。より良い教育実践とは、子ども・児童・生徒の成長が望ましい形で実現することにより成立する。その成長は、学びの面や適応の面、人間関係形成の面など、社会の中で生きていく中で必要とされるあらゆる面において遂げられなければならない。すなわち、教育実践とは、子ども・児童・生徒のあらゆる面での成長を促し、それが実現したときに起こる全ての事柄を、たとえば、かかわり手が行ったこと、子ども・児童・生徒が置かれていた環境、始まりから終わりまでの

過程ななどを指して言うものである。

2　実践を積み重ねること

　子ども・児童・生徒にかかわるかかわり手として生きることは、教育実践者として生きることである。子ども・児童・生徒とかかわり続ける者である限り、教育実践者であり続けなければならず、教育実践をし続け、積み重ねていかなければならないのである。

　教育実践を積み重ねるとはどのようなことであろうか。教育活動を、ただ行い、それを繰り返してさえいれば、教育実践を積み重ねることになるのではない。自分自身の教育活動を行うだけでなく、その結果から、自らの活動が妥当であったか否かを省み、さらなるよりよい活動を行うためにはどうすればよいかを考えつつ、次の教育実践につなげていかなければならないのである。教育実践者であり続けるためには、このことを繰り返し、行い続けていかなければならない。

　さらに、教育実践をより良い形で積み重ねるためには、自らの教育実践を省みるだけでなく、その実践を他者と共有することも重要なこととなる。自らの教育実践を他者の視点からの評価を受けることによりさらに学び、また、他者の教育実践を見ることにより、自らの実践に生かすために学ぶことも必要である。そのために、自らの教育実践を他者が理解できるように記述しなければならない。こうすることにより、自らの教育実践を他者と共有することができるようになり、さらに、自らの実践をより深く省みることができるようになるのである。

　自らの教育実践を記述するためには、記述するための言葉を持たなければならない。つまり、より良い教育実践者であろうとする者は、自らの実践を記述するための、独りよがりではない、他者の理解を促すような、より深く吟味され、考えられた言葉を持たなければならないのである。

　教育心理学を学ぶ意味をこのことに見いだすこともできる。教育心理学を学ぶことにより、教育心理学の中で提示されてきたさまざまな概念、言葉を深く学び、その言葉をもって自らの教育実践を記述することが可能と

なる。さらに、自らの教育実践を記述しながら実践を積み重ね、言葉を吟味することを続けつつ、より良い実践者となっていくよう努めなければならないのである。

おわりに

本書は15章から構成され、順次学びを進めていけば、本章で述べてきたことをより深く学ぶことができるようになっている。今から本書を通して教育心理学を学ぼうとしている人たちが、より良い学びを深めることを願う。さらに、本書の学びを通して、優れた教育者になろうという志をより深め、教職の学びをより良い形で進めることを願ってやまない。

発達の理論

角野善司

はじめに

発達と教育とは切り離せない関係にある。教育は、人間が発達していく過程に対して行われる働きかけである。そうであるならば、発達とは何か、人間はどのように発達していくのかを抜きにして、教育を語ることも、教育実践に携わることもできないということになろう。

本章では、教育心理学における発達の理論について概観していく。

第1節　発達とは何か

発達とは、加齢に伴う心身の諸側面の変化である。

「加齢」（英語ではエイジング aging）とは文字どおり、時間の経過とともに年齢を加えていくことである。そして、発達は、加齢「に伴う」変化である。すなわち、加齢がその変化の主たる要因となっていなければならない。たとえば、文部科学省が毎年実施している学校保健統計調査によると、2006年度の小学校1年生の平均体重は、男子21.6kg、女子21.1kgであったが、2012年度に彼らが中学校1年生になったときは、男子44.0kg、女子43.7kgと、2倍強になっている。この小学校6年間での体重増加は、加齢が変化の主要な要因となっているため、発達と言える。しかし、いわゆる寝正月で体重が増えたなど、加齢以外の要因（個人の生活パターンなど）による場合には、発達とは言えない。

また、この定義でもう一つ着目すべき点は、「心身の諸側面」という箇所である。発達には体と心の両面の変化が含まれる。体格や生理面、運動能力などのいわゆる「体」の変化、人格や社会性、知能、道徳性などのいわゆる「心」の変化のいずれも発達である。

第2節　生涯発達

1　旧来の発達観

　いつからいつまでのどのような変化を発達ととらえるか、すなわち、発達の期間と変化の内容のとらえ方は、1980年ごろを境に大きく変化した。

　旧来は、出生から成人までの獲得的変化（できなかったことができるようになる、体格が向上するなど）が、発達とされていた。この発達観では、未熟で無能な存在として生まれた人間が、さまざまな獲得的変化を経験し、人間として完成された状態である成人（「完態」とも呼ばれた）に至るのが発達ということになる。なお、発達を終えた成人後は、完態としての高い水準の機能が長く維持されるが、やがて中高年を迎え、獲得的変化とは対照的な衰退的変化（できたことができなくなる、心身の諸機能が低下するなど）すなわち老化が起こり、最後には死を迎える。このような旧来の発達観では、図1のような3本の矢印で人間の一生を表すことができよう。

図1●旧来の発達観

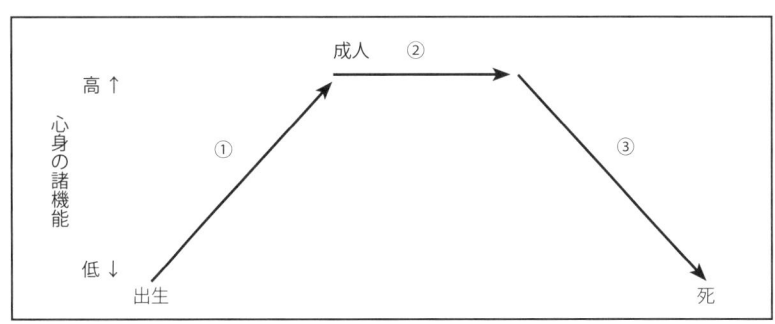

（注）①出生から成人に至るまで：獲得的変化＝発達の時期
　　　②成人後：完態としての高い水準の機能が維持される時期
　　　③中高年から死まで：衰退的変化＝老化の時期

（筆者作成）

2　発達観再考の契機となった、周産期研究と中高年研究

　旧来の発達観では、人間が発達する期間は出生から成人に至るまでと考えられていた。したがって、発達研究の対象は専ら子どもであった。

　しかし、20世紀の半ばを過ぎ社会が変化するにつれ、それまではあまり取り上げられなかった対象に関する発達研究が必要とされ、盛んになっていった。そして、新しい知見が集積されたことで、発達観が見直されるようになった。

　新しい発達研究の一つは、周産期研究である。周産期とは出生前後の時期を指す。**表1**は、1900年以降現在に至るまでの日本における乳児死亡率（出生1000件中生後1年未満で亡くなった件数の割合）の推移を表している。1930年代までの乳児死亡率は100を超えており、10人に1人以上の割合の乳児が生後1年未満で亡くなっていた。この値はその後低下を続け、1970年代後半には10を割り、2010年には2.3となっている。すなわち、現在、生後1年未満で亡くなる子どもは約440人に1人の割合である。このように、過去数十年間で乳児死亡率は急速に改善されてきた。

　このように乳児死亡率が低下したことの背景の一つには、胎内で十分に

表1●乳児死亡率の年次推移

年次	乳児死亡率（出生千対）	年次	乳児死亡率（出生千対）	年次	乳児死亡率（出生千対）
1900	155.0	1940	90.0	1980	7.5
1905	151.7	1945	…	1985	5.5
1910	161.2	1950	60.1	1990	4.6
1915	160.4	1955	39.8	1995	4.3
1920	165.7	1960	30.7	2000	3.2
1925	142.4	1965	18.5	2005	2.8
1930	124.1	1970	13.1	2010	2.3
1935	106.7	1975	10.0		

（注）1945年は終戦前後の混乱のため統計なし　　出典：『平成22年人口動態統計』に基づき筆者作成

成熟せず早産で生まれた子どもの救命率が上がったことが挙げられる。その結果、本来ならばまだ胎内にいたはずの子どもの発達の様子が明らかになってきた。また、1970年代以降実用化された超音波検査（エコー）により、実際に胎内にいる子どもの形態発育や運動発達もわかってきた。

　これらの結果、旧来、出生時から発達が始まると考えていたが、胎内から発達をとらえていくべきであるという機運が高まった。発達の始期の見直しである。

　もう一つの新しい発達研究は、中高年研究である。図２は、日本の人口を年齢で三つに区分し、その比率の推移を表したものである。これによると、1950（昭和25）年には老年人口（65歳以上）が4.9％であったものが、2010（平成22）年には23.0％となった。そして、2060年には39.9％になると推計される。このような高齢化社会の到来は、20世紀半ばには既に予測されていた。そのため、かつては発達研究の範囲外で、携わる学者も少なかった中高年研究に対する需要が高まり、盛んになったのである。

　その結果見いだされたことは、中高年の心理的機能は、加齢に伴い全てが衰退的変化を示すわけではないということであった。その一例として、

図２●年齢３区分別人口割合の推移

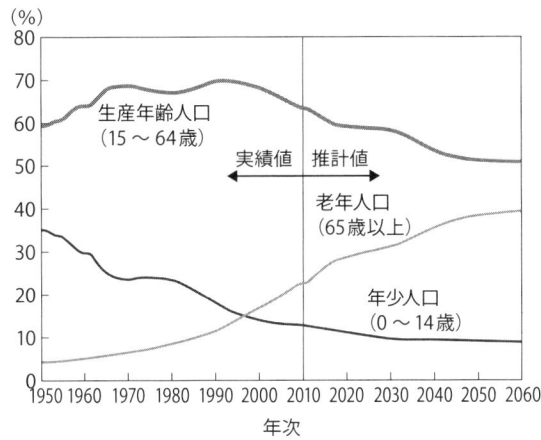

出典：『日本の将来推計人口：平成24年１月推計』

キャッテル（Cattell, Raymond　1905-1998）とホーン（Horn, John　1928-2006）の流動性・結晶性知能の理論が挙げられる（**図3**）。一般に、成人期以降、知能の働きは加齢とともに衰えると考えられがちである。しかし、知能を流動性知能と結晶性知能に分けると、流動性知能は成人後加齢とともに低下していくが、結晶性知能は成人後もわずかながら向上していく。成人後も獲得的変化があるのであれば、成人はもはや発達の最終到達点とも完態とも言えない。成人後も発達は続くことになり、発達の終期の再検討が迫られた。

3　生涯発達

このようにして生まれた新たな発達観は、「生涯発達」と呼ばれる。生涯発達は、出生から成人までではなく、受胎から死まで、まさしく生命の始まりから終わりまで人間は発達するととらえる。また、獲得的変化だけではなく衰退的変化も発達に含める。バルテス（Baltes, Paul　1939-2006）は、生涯発達における獲得的変化と衰退的変化の関係を**図4**に表した。旧来の発達観では、**図1**に見るように、出生から成人までが獲得的変化、中

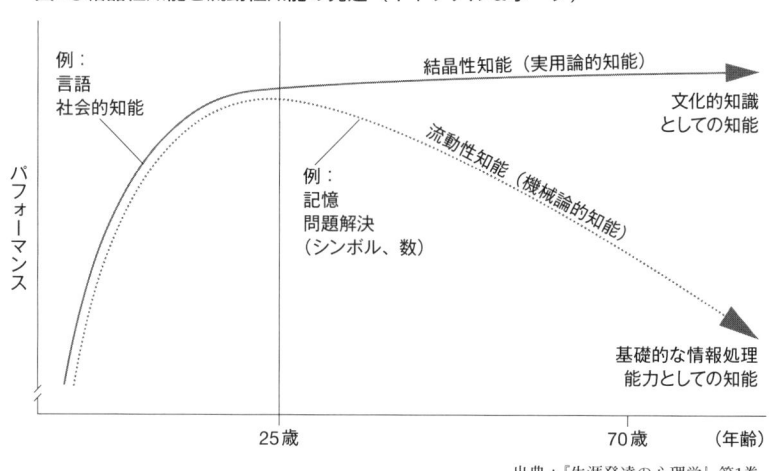

出典：『生涯発達の心理学』第1巻

図4●生涯発達における獲得的変化と衰退的変化（バルテス）

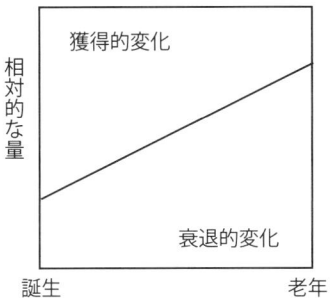

出典：『生涯発達の心理学』第1巻

高年以降が衰退的変化の時期ととらえていたが、生涯発達では、生涯のどの時期にも獲得的変化と衰退的変化が共にあると考える。ただ、若いうちは獲得的変化が優勢であり、加齢につれて徐々に衰退的変化が優勢になるのである。

もとより発達という語にはプラスの方向への変化というニュアンスがあるだけに、衰退的変化も発達に含めることに関しては違和感を覚える人がいるかもしれない。しかし、本章冒頭の発達の定義を考慮すると、獲得的変化のみを見るのでは、「加齢に伴う心身の諸側面の変化」の半分しかとらえていないことになる。加齢につれて人間は心理面・身体面でどのように変化するか、その全体像をとらえるうえでは、獲得的変化・衰退的変化の両方を視野に入れることが重要であることが理解できよう。

第3節　発達段階と発達課題

1　発達段階

発達には量に還元できない、不連続な質的変化がある。たとえば、子どもの歩行の開始は、歩ける歩数を0歩、10歩、100歩と数値で表しても、発達上持つ意味はとらえきれない。子どもは、歩けるようになることで、行

きたい場所に行き、触りたいものに触るなど、環境に対してより能動的にかかわることができるようになる。そのことが、知的発達や情緒発達、対人関係の発達をも促すのである。このように、歩行の開始は、子どもの生活・発達の状況を大きく変えるものである。こういった大きな質的変化で、人の一生はいくつかの時期に区分でき、区分された各時期を発達段階と呼ぶ。図5に発達段階の区分を示した。なお、どのような質的変化に重きを置いて発達段階を分けるかは、研究者によって考え方の違いがあるため、絶対的な区分ではないことに注意が必要である。

このように発達段階という観点から発達を記述することには、各時期の発達の特徴や全体像が把握しやすくなり、教育の場においては、対象に対する適切な指導のヒントが得られるという利点がある。

しかし、同時に留意すべき点もある。発達には個人差がある。講義で発達段階を取り上げると、学生から「〇〇期は何歳から何歳までですか」と尋ねられることがあるが、これは質問自体が不適切である。そもそも発達段階の区分は、年齢ではなく、質的変化に基づくものである。区分の基準となる質的変化が早く訪れる人もあれば、遅く経験する人もある。年齢はおおよその目安である。

また、同じ発達段階であっても、各個人は異なる個性を持ち、異なる発達の様相を示す存在であることも踏まえて、指導しなければならない。

2　発達課題

発達課題とは、各発達段階で達成することが重視される課題である。発達課題の提唱者であるアメリカの教育学者ハヴィガースト（Havighurst, Robert 1900-1991）は、表2に示すように人の一生を六つの発達段階に分け、各段階に6～10の発達課題を挙げた。

ハヴィガーストによれば、発達課題を達成できるか否かは、その後の発達に影響するという。たとえば、乳幼児期の「9.善悪を区別することの学習と良心を発達させること」という発達課題を十全に達成できれば、児童期の「7.良心・道徳性・価値判断の尺度を発達させること」の達成は容易

図5●発達段階の区分 (筆者作成)

年齢	段階名	その段階の発達の特徴	区分の基準となる質的変化
			← 受胎
	胎生期	各種機能・器官の基盤の形成	
0歳			← 出生
	乳児期	移動能力の出現 前言語の出現 母乳による栄養摂取 親子関係を中心とした対人関係	
1歳半ごろ			← 歩行／初語／離乳／母子愛着の形成
	幼児期	種々の運動発達 言語によるコミュニケーションの開始 基本的生活習慣の形成 仲間関係の出現	
6歳ごろ [小学校入学ごろ]			← 運動能力・会話能力の発達／基本的生活習慣の確立
	児童期	運動機能の巧緻化 仲間関係の拡大 認知機能の急激な発達	
12歳ごろ [中学校入学ごろ]			← 第二次性徴の発現
	青年期	性的成熟・急激な身体発育 抽象的・論理的思考能力の発達 第二反抗期・親友の出現・恋愛 自我の覚醒・アイデンティティとの取り組み	
20歳代半ばごろ [就職・結婚など]			← 心理的・社会的自立
	成人期	家族の形成・家庭の運営・子どもの教育 職業生活 社会的責任の重大さ 広範囲にわたる対人関係	
60歳代半ばごろ [退職・子どもの自立など]			← 老化／職業生活・親役割からの引退
	老年期	心身の老化の進行 社会的責任の軽減 対人関係の縮小 祖父母としての役割	
			← 死

表2● 各発達段階における発達課題（ハヴィガースト）

〈乳幼児期〉
1 歩行の学習
2 固形の食物をとることの学習
3 話すことの学習
4 排泄の仕方を学ぶこと
5 性の相違を知り，性に対する慎みを学ぶこと
6 生理的安定を得ること
7 社会や事物についての単純な概念を形成すること
8 両親や兄弟姉妹や他人と情緒的に結びつくこと
9 善悪を区別することの学習と良心を発達させること

〈児童期〉
1 普通の遊戯に必要な身体的技能の学習
2 成長する生活体としての自己に対する健全な態度を養うこと
3 友達と仲よくすること
4 男子として、また女子としての社会的役割を学ぶこと
5 読み・書き・計算の基礎的能力を発達させること
6 日常生活に必要な概念を発達させること
7 良心・道徳性・価値判断の尺度を発達させること
8 人格の独立性を達成すること
9 社会の諸機関や諸集団に対する社会的態度を発達させること

〈青年期〉
1 同年齢の男女との洗練された新しい交際を学ぶこと
2 男性として，また女性としての社会的役割を学ぶこと
3 自分の身体の構造を理解し、身体を有効に使うこと
4 両親や他の大人から情緒的に独立すること
5 経済的な独立について自信を持つこと
6 職業を選択し準備すること
7 結婚と家庭生活の準備をすること

になるが、不十分であれば児童期の課題達成も困難度を増す。さらに、児童期の7の達成の度合いは青年期の「10.行動の指針としての価値や倫理の体系を学ぶこと」に影響する。

　発達課題の利点としては、教育に際して、対象が今何を身につけるべきか、望ましい発達を助けていくための手がかりが得られることが挙げられよう。しかし、同時に何が「望ましい発達」であるのかは、時代や文化によって異なることに留意しなければならない。**表2**の発達課題のリストは、

出典：『人間の発達課題と教育』を基に筆者作成

> 8　市民として必要な知識と態度を発達させること
> 9　社会的に責任のある行動を求め、そしてそれを成し遂げること
> 10　行動の指針としての価値や倫理の体系を学ぶこと
> 〈壮年初期〉
> 1　配偶者を選ぶこと
> 2　配偶者との生活を学ぶこと
> 3　第一子を家族に加えること
> 4　子どもを育てること
> 5　家族を管理すること
> 6　職業に就くこと
> 7　市民的責任を負うこと
> 8　適した社会集団を見つけること
> 〈中年期〉
> 1　大人としての市民的・社会的責任を達成すること
> 2　一定の経済的生活水準を築き，それを維持すること
> 3　10代の子どもたちが信頼できる幸福な大人になれるよう助けること
> 4　大人の余暇活動を充実すること
> 5　自分と配偶者とが人間として結びつくこと
> 6　中年期の生理的変化を受け入れ、それに適応すること
> 7　年老いた両親に適応すること
> 〈老年期〉
> 1　肉体的な力と健康の衰退に適応すること
> 2　隠退と収入の減少に適応すること
> 3　配偶者の死に適応すること
> 4　自分の年ごろの人々と明るい親密な関係を結ぶこと
> 5　社会的・市民的義務を引き受けること
> 6　肉体的な生活を満足に送れるように準備すること

20世紀半ばのアメリカという時代的・文化的背景を負うものである。これらを今日の日本にそのまま当てはめることはできない。たとえば、壮年初期に挙げられた課題が、同じようにその年齢で求められるとは必ずしも言えない（ハヴィガーストは18歳から30歳のころまでを壮年初期としている）。

だが、だからといって、発達課題という概念自体が過去のものであり今日では意味を持たないというわけではない。むしろ、21世紀初めの日本における発達課題は何かを考えながら教育に当たることに意義があると言え

よう。先述のとおり、発達課題の達成・未達成は、その後の発達に影響すると考えられる。教育対象の将来を見据えて、今何を体験し達成することが重要かを考えて教育に取り組んでいく必要がある。

おわりに

本章では、発達とは何か、人間はどのように発達していくのかについて、生涯発達、発達段階と発達課題という観点から取り上げた。読者には、将来教員の道を目指す人が多いであろう。これらについて学ぶことで、教育はどうあるべきかという各個人の教育観を問い直し洗練することにつながれば、筆者としては幸いである。

【文献一覧】

東洋・柏木惠子・高橋惠子・日笠摩子編集・監訳『認知・知能・知恵』(生涯発達の心理学1巻) 新曜社、1993年

厚生労働省『平成22年人口動態統計』厚生労働統計協会、2012年

国立社会保障・人口問題研究所編『日本の将来推計人口：平成24年1月推計：平成23 (2011) 〜72 (2060) 年』(人口問題研究資料 第326号) 国立社会保障・人口問題研究所、2012年

高橋惠子・湯川良三・安藤寿康・秋山弘子編『発達科学入門 1 (理論と方法)』東京大学出版会、2012年

二宮克美・大野木裕明・宮沢秀次編『ガイドライン生涯発達心理学〔第2版〕』ナカニシヤ出版、2012年

日本発達心理学会編『発達科学ハンドブック』新曜社、2013年

ハヴィガースト,R.J. (荘司雅子監訳)『人間の発達課題と教育』玉川大学出版部、1995年 (原版は牧書店、1958年　原著は1953年)

浜崎隆司・田村隆宏編『やさしく学ぶ発達心理学：出逢いと別れの心理学』ナカニシヤ出版、2011年

文部科学省『学校保健統計調査報告書〔平成24年度〕』日経印刷、2013年

第2章

各時期の発達の様相

長尾　博

はじめに

　発達心理学では、従来、出生から青年期までを重視していたが、今日では、出生から老いて死にゆくまでの生涯発達（life-span development）が注目されるようになった。本章では、発達とは何か、発達は遺伝か環境か、そして出生から老いてゆくまでの発達段階と主に臨床家エリクソン（Erikson, Erik Homburger　1902-1994）の発達課題について触れている。

第1節　発達とは

1　発達の定義

　宮城音弥（1908-2005）によれば、発達（development）とは、子どもが大人になっていく心身の変化と社会が未開社会から文明社会へ移っていく社会的および精神的変化の環境によりよく適応した状態になっていくことである。

　ヒトの発達には、身体的、知的、情緒的、社会的などの様相がある。また、発達の生物学的な観点として、遺伝と環境の問題が古くから論議されており、成熟（maturation）、つまり先天的な成長か、あるいは学習（learning）、つまり後天的な経験や練習かの発達についての規定因をめぐる問題がある。

2　遺伝か環境か

　発達心理学における発達について遺伝か環境かの規定因の論議については、前者の遺伝要因を重視するゲゼル（Gesell, Arnold L.　1880-1961）は、適切な成熟を待って学習するほうが効果があるという生得説（nativism）を唱え、一方、ワトソン（Watson, John B.　1878-1958）は、環境条件を強調して、生後の学習こそ重要であるという環境説（empiricism）を唱えた。

　しかし、今日では、ジェンセン（Jensen, Arthur R.　1923-2012）の環境閾

図1● 遺伝的可能性が顕在化する程度と環境の質との関係

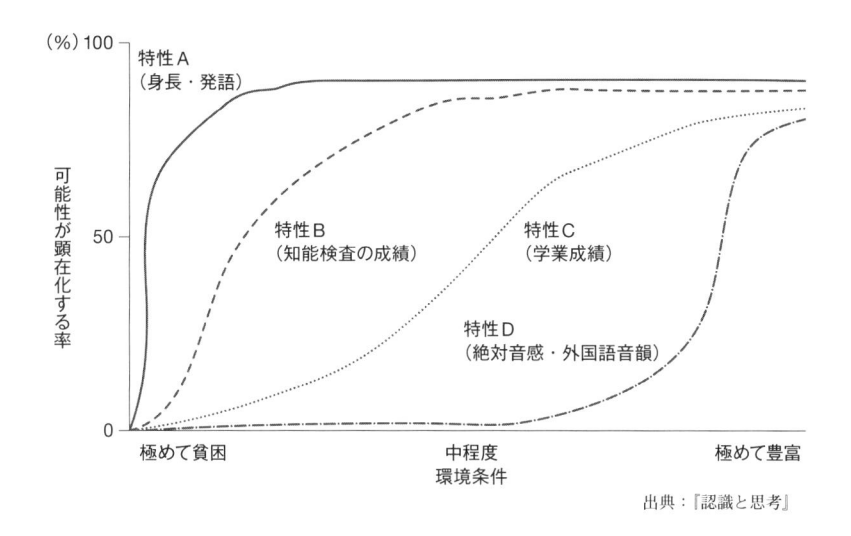

グラフ：
- 縦軸：可能性が顕在化する率（％）0〜100
- 横軸：環境条件（極めて貧困／中程度／極めて豊富）
- 特性A（身長・発語）
- 特性B（知能検査の成績）
- 特性C（学業成績）
- 特性D（絶対音感・外国語音韻）

出典：『認識と思考』

値説（environmental threshold theory）、つまり身体の各部位や発達の様相によって、成熟に即した学習か、あるいは早期の学習を重視するかが異なるという説が定着している。図1はその例である。

第2節　各発達段階の特徴（乳児期〜学童期）

表1に示す発達段階に即して、以下に乳児期から老年期までの発達的特徴について触れたい。

1　乳児期

「三つ子の魂百まで」ということわざがあるように、人生早期における育児環境や親の養育態度が、その後の人生やパーソナリティ（personality）形成上に大きな影響を与えていることは、精神分析理論（psychoanalysis）、ローレンツ（Lorenz, Konrad Z. 1903-1989）の刻印づけ（imprinting）の研究、

表1●発達段階の区分

発達段階	暦年齢	説明
乳児期（infancy）	0歳～1歳半頃	母乳やミルクが必要な時期
幼児期（early childhood）	1歳半頃～6歳頃	歩行、言葉の学習、離乳、遊び、自己コントロールの学習の時期
学童期（school age）	6歳頃～12歳頃	思春期（puberty）に入る前の時期、児童期（childhood）ともいう
青年期（adolescence）	12歳頃～30歳頃	思春期から結婚、就職していくまでの時期
成人期（adulthood）	20歳代後半～40歳頃	第1子の教育が中心となり、仕事が充実してくる時期
中年期（middle age）	40歳頃～60歳頃	壮年期（manhood）ともいい、人生の充実と転換期ともなる時期
老年期（senscence）	60歳以上、いつから始まるかは異論が多い	老化が激しくなる時期

（筆者作成）

　ハーロウ（Harlow, Harry F. 1905-1981）らの赤毛ザルの代理母親の実験結果などから明らかにされている。

　自らの臨床経験に基づいて、**表2**に示す発達課題を示したエリクソンは、乳児期において基本的信頼感（basic trust）、つまり母親が乳児に安心と満足を与えることを重視している。またボウルビイ（Bowlby, John M. 1907-1990）は、乳児のヒトへの情愛的結びつきを持とうとする特性を愛着（attachment）といい、エインスワース（Ainsworth, Mary D. Salter 1913-1999）は、その特色として、①愛情を暗に含む、②特異的、弁別的、③観察可能、④能動的、⑤相互的の5点を挙げ、愛着のタイプとして、(1) 回避型、(2) 安定型、(3) 両価型、(4) 無秩序型の4点を挙げている。ボウルビイは、この愛着を通して、自分は愛される価値ある人間か、ヒトや現実外界は自分の求めに応じてくれるのかという内的作業（internal working）を行い、生涯を通しての人間性を形成していくという愛着理論（attachment theory）を唱えている。

　一方、菅原ますみ（1958-）らは、母親の養育態度以上に乳児の気質（temperament）、つまり生得的な情緒的反応を持つ特性が発達に影響を及ぼすことをあげ、①扱いやすい子ども、②扱いにくい子ども、③エンジンの

表2●エリクソンの人間発達漸成論における作業仮説表

発達段階	発達課題と危機	基本的徳目（活力）	重要関係の範囲	社会的秩序の関連要素	心理＝社会的モダリティ	発達段階（フロイド）
乳児期	基本的信頼感と不信感	希望（のぞみ）	母性	宇宙的秩序	得る、お返しに与える	口唇・呼吸器的、感覚・筋肉運動的（取り入れモード）
幼児期前期	自律感と恥・疑惑	意思	親	法と秩序	保持する、放出する	肛門・尿道的、筋肉的（把持排泄的）
幼児期後期	主導感と罪悪感	目的	基本家族	理想の原型（手本）	作る（求める）、「～のように作る」（あそび）	幼児・性器的、移動的（侵入・包含的）
学童期	勤勉感と劣等感	適格	近隣・学校	技術的要素（原則）	ものを作る（完成する）、ものを結びつける	潜伏期
青年期	アイデンティティとその拡散	忠誠	仲間集団・外集団、リーダーシップのモデル	イデオロギー的展望	自然に振舞う（振舞えない）、活動を共有する	青年期
成人期	親密感と孤独感	愛	友情、性愛、競争、協力、の関係におけるパートナー	協力と競争のひな型（模範）	自分を他人の中に失い、そして発見する	性器期
中年期	生殖感と沈滞感	世話（いつくしみ）	分業と家事の共有	教育と伝統の思潮	存在を作る、世話をする	
老年期	統合感と落胆	英知	「人類」「私流の」	知恵	あるがままに存在する、非存在（死）に直面する	

出典：『幼児期と社会Ⅰ』

かかりにくい子どもの三つのタイプに分類している。

2　幼児期

　幼児期を迎えると現実外界に対して積極的な行動を示してくる。

　エリクソンは、幼児期前期の発達課題として自律感（autonomousness）、つまり現実外界と自己との調和を図り、自己内に秩序をつくっていくことを挙げ、また、幼児期後期の発達課題として主導感（initiativeness）、つまり現実外界の内容を取り入れたり、親の男らしさや女らしさを同一化（identification）していくことを挙げている（**表2**）。

　この前期と後期の分岐点である3歳頃、第1次反抗期（first negative phase）を迎え、強い自己主張を示しやすい。また、この時期の前後より、親によるしつけ（discipline）が重要であり、しつけによって子どもは自己抑制と自己主張の自己コントロールを学習していく。

　また、幼児期の認知面の特徴としてピアジェ（Piaget, Jean　1896-1980）は、**表3**に示す自己中心性（egocentrism）を挙げている。

　このような自己中心性があるものの、4歳頃には、自己や他者の心を推測し始めるという心の理論（theory of mind）の研究が、1970年代よりプレマック（Premack, David　1925-）らによって始められ、今日までその研究が進められている。

表3●幼児期の自己中心性

特徴	説明
(1) 自己中心的言語	ヒトへのメッセージや互いの了解ではないひとりごと
(2) アニミズム（物心主義）	物や動くものは、全て命や霊をもっていると信じること
(3) 実在論	自分の考えたり感じたりするものは全てこの世に存在するという考え
(4) 人工論	この世の全てのものはヒトがつくったという考え

出典：『知能の心理学』

3　学童期

　エリクソンによれば、学童期の発達課題として、勤勉感（industriousness）、つまり何かを作り出すことによって外界から自己が認められることを学ぶことを挙げている。つまり、この時期は、学校の中での読み、書き、計算、図画工作、音楽、スポーツなどを通して自分の「とりえ」を発見し、「とりえ」をつくり出していくことが重要である。

　学校という場は、他者との競争や他者からの評価を受ける場であり、それまでの幼児的な自分は何でもできるのではないかという有能感（competence）は、学年とともに低下していき（「認知されたコンピテンス測定尺度の作成」）、その過程で自分の本当の「とりえ」を探していく。

　学童期は、「とりえ」の獲得とともに**表4**に示す友達・仲間関係を通して自己についてや社会的技能（social skill）を学習していく。また、第2段階の両側的パートナー関係は、他者を思いやる社会的共感性（social empathy）を形成し、それはまた、コールバーグ（Kohlberg, Lawrence　1927-1987）のいう道徳性（morality）の発達段階の慣習的水準の段階3である他者との対人関係から他者に認められる行為が「良い行為」であると判断する道徳性の形成になる。

表4●個人、友達関係、仲間集団の発達の段階

段階	年齢範囲	個人	友達関係	仲間集団
0	2歳4カ月〜5歳11カ月	身体的実体	一時的身体的な遊び友達	身体的結びつき
1	4歳6カ月〜12歳4カ月	意図的主体	一方的援助	片側的関係
2	6歳9カ月〜15歳10カ月	内省的自己	順調なときだけの協力	両側的パートナー関係
3	11歳3カ月〜大人	安定したパーソナリティ	親密な相互共有	同質的共同体
4	17歳8カ月〜大人	複雑な自己システム	自律的相互依存	多元的組織

（注）　年齢範囲はジレンマ状況に対する対人的推理判断による。　　　　　（筆者作成）

第3節　各発達段階の特徴（青年期〜老年期）

1　青年期

　青年期の始まりは、思春期、つまり第2次性徴の始まりからである。しかし、青年期がいつ終えていつ大人になっていくのかの論議があり、年々、青年期は遷延化してきている。青年期の遷延化の原因については、寿命が延びてきたなど多くある。

　表5は、心が大人になること、つまり、成熟することの基準を示したものである。

　従来、青年心理学では青年期は心が不安定で動揺が激しいという青年期の危機説が定説であったが、青年期の危機に関する筆者の研究では、現在の青年はむしろ平穏であり、その確率として、中学・高校・大学生の約7割は心に動揺がないことが明らかにされている。つまり、エリクソンの言

表5●心の成熟基準

(1) 自我感の拡張 　　他者に関心をもち、社会に参加して有意義にかかわること
(2) 他者との暖かい関係の確立 　　他者と一定の心理的距離を保ちながら、しかも他者と共感できる関係ができること
(3) 情緒の安定性
(4) 現実認知と解決のための技能をもつ 　　現実を正確に客観的にとらえて、問題を解決できる技能をもつ
(5) ユーモアをもった自己客観化ができること 　　余裕をもって自分の姿を客観的に見られること
(6) 人生観の確立 　　将来の生活目標が設定され、それに向かって生きる力があること

出典：『人格心理学』〔下〕

うアイデンティティの確立について悩む青年や、ブロス（Blos, Peter 1904-1997）の言うように親子関係の独立と依存の葛藤に悩む青年は少ないということである。

現代青年の心が平穏である理由として、①時間展望（time perspective）が乏しい、②親子関係上で自立（independence）ができていない、③交友関係上で群れを形成し、その群れに同調している、などが挙げられる。

このうち①については、光富隆（1957-）が、多くの調査研究によって明らかにしている。また、②については、長尾博・光富隆によるわが国の青年期の親子関係に関する研究業績の総括から明らかにされている。③については、岡田努（1960-）が、大学生の交友関係の調査から明らかにしている。

このような現代青年の発達の様相を踏まえると、今後の学校教育において教科教育とともにキャリア教育（career education）がさらに重要になってくるであろう。

2　成人期

ここで言う成人期とは、20歳代後半から30歳代後半までの年齢範囲の時期をいう。エリクソンは、この時期の発達課題として、親密性（intimacy）、つまり配偶者となる対象を選択し、親しくなれることを挙げている。この時期に自分にふさわしい配偶者を見つけ、家庭を築き、親になっていくこと、また自分にふさわしい就職をし、その仕事を充実させていくことが重要な課題であるが、異性と親密になれない、離婚、子どもを虐待する親、ニート、引きこもり、離職、職場の対人関係上の悩みを持つなどの不適応行動も生じやすい。このような不適応行動の原因として、**表5**に示す心の成熟不全によることが多いと考えられる。

3　中年期

中年期とは、一般に40歳代から60歳までの時期をいい、ユング（Jung, Carl Gustav　1875-1961）は、この時期を「人生の正午」とたとえて、青年

期とともに人生における大きな分岐点ととらえた。この時期は、人生における光と影の両面が浮き彫りにされやすい。つまり、成熟の満足度、経済力の充実、内省力の高まり、若い世代へ自分の行ってきたことを伝えるなどの光の部分と、自分の人生はこれでよいのか、何か成し遂げた感じがしない、老いが近づいている、もう一花咲かせたいなどの影の部分とが交差しやすい。

エリクソンは、中年期の発達課題として、生殖性（generativity）、つまり自分の今までの業績を次の世代へ伝え、指導していくことを挙げている。また、中年期の危機（mid-life crisis）を最初に唱えたジェィキース（Jacques, E.F. 1890-1978）は、近まる死の受容を挙げ、抑うつ的態勢の再検討を重視している。臨床現場では、中年期の危機に直面したケースとかかわることが多く、昨今のわが国では、中年期男性の自殺者も多いが、調査研究の結果では、中年期を今まで以上に生き生きと充実して過ごしていると答える者が多い。

4　老年期

老年期とは、一般に60歳以後の年齢をいう。わが国では、老年期の人口が年々増えていることから、心理学の分野でも老年期が注目され始めた。従来から老年期については、身体的老化に伴う知的能力の低下、老人癖というパーソナリティの変化（頑固、ぐちっぽい、疑い深くなる）、喪失体験の増加（社会的役割を失う、親しき人との別れ、生きがいを失う）などマイナス面の特徴が強調されてきたが、今後は、老年期の円熟したパーソナリティ、人生の英知（virtue）を伝える老賢者、孫、植物、動物など生きているものをいとおしむ生き方など、プラス面の特徴を強調していく必要がある。

エリクソンは、この時期の発達課題として統合性（integrity）、つまり今までの人生をまとめあげ、自分の人生は自分自身の責任であるという事実を受けいれることをあげている。一方、ユングは、統合性に類似する語として全体性（wholeness）、つまり心の統合的なあり方を挙げ、「人生は、私

が私であるようにするために、全てのことが生じた」と全てを受けいれる心のあり方を説いている。

おわりに

発達についての様相の普遍性というものはないであろう。発達の様相は、時とともに進化（evolution）している。その様相の普遍性へ少しでも近づきたいのであれば、発達の様相を探る対象の背景にある時代性や文化・地域の影響力についても明らかにしていく必要がある。また、横断的研究よりも縦断的研究やフォローアップを重視し、発達の様相の奥にある人生のリアリティ（ヒトの生き方）やヒトと他者との関係性（relations）について注目していくことが教育的である。

【文献一覧】

エリクソン, E. H.（仁科弥生訳）『幼児期と社会』〔1・2〕みすず書房、1977年・1980年

岡田努「現代大学生の友人関係と自己像・友人像に関する考察」『教育心理学研究』〔43巻〕1995年、pp.354-363

岡本夏木・東洋編『認識と思考〔第9版〕』（児童心理学講座 第4巻）金子書房、1969年

オルポート, G. W.（今田恵監訳・星野命他訳）『人格心理学』〔上・下〕誠信書房、1968年

河合隼雄『ユング心理学入門』培風館、1967年

桜井茂男「認知されたコンピテンス測定尺度の作成」『教育心理学研究』〔31巻〕1983年、pp.245-249

菅原ますみ・青木まり・北村俊則・島悟「乳幼児における気質的特徴の構造」『湘北短期大学紀要』〔9巻〕1981年、pp.157-163

長尾博『青年期の自我発達上の危機状態に関する研究』ナカニシヤ出版、2005年

長尾博・光富隆『パースペクティブ青年心理学』金子書房、2012年

ピアジェ, J.（波多野完治・滝沢武久訳）『知能の心理学〔改訂版〕』（みすず・ぶっくす）みすず書房、1960年

ブロス, P.（野沢栄司訳）『青年の精神医学』誠信書房、1971年

ボウルビイ, J.（黒田実郎他訳）『母子関係の理論』岩崎学術出版社、1997年

宮城音弥編『岩波小辞典心理学〔第3版〕』岩波書店、1956年

ユング, C. G.（高橋義孝訳）『無意識の心理』人文書院、1977年

ワトソン, J. B.（安田一郎訳）『行動主義の心理学〔第3版〕』河出書房、1968年

Ainsworth, M. D. S. et al., *Patterns of attachment*, Lawrence Erlbaum , 1978

Gesell, A. et al. , *The years from ten to sixteen*, Harper Press. 1956

Harlow, H. F., "The nature of love," *American Psychologist*, Vol.13,1958, pp.673-685

Jacques, E. F., "Death and midlife crisis," *International Journal of Psychoanalysis*, Vol. 46, 1965, pp.502-512

Jensen, A. R. "Social class, race and genetics," *American Educational Research Journal,* Vol. 5, 1968, pp.1-42

Kohlberg, L.," Stage and sequence. Goslin," D.A.（Ed.）*Handbook of socialization,* Rand McNally, 1969, pp.347-480

Lorenz, K.Z., *Instinctive behavior*, International Universities Press, 1957

Premack, D. &Woodruff, G., " Does the chimpanzee have a theory of mind? " *The Behavioral and Brain Science,* Vol. 1,1978, pp.515-526

第3章 学習の理論

髙橋　功

はじめに

　楽しい時を共に過ごした友人に会うと、自然に笑顔がこぼれた。高額な携電話帯料金を請求されて、長電話をやめた。ゲームの対戦相手の新戦法を見て、自分もまねした。心理学を勉強しているうちに、世界観が変わってきた。アルバイトを長らく続けて、同僚と親しくなり仕事にも慣れてきた。スマートフォンを買い、効率よく予定を管理するようになった。

　このように、人は日々、自身が置かれた環境の中で何かを経験し、行動、認識、活動を新しく獲得したり変化させたりしている。私たちは、それを総じて「学習」と呼んでおり、発達の重要な側面だと考えている。

　しかしながら、学習が常に「望ましい」ものばかりとは限らない。いじめられた経験から、他人が怖くなってしまう人もいる。高級なブランド品の魅力に取りつかれて、借金をしてしまう人もいる。また、日常の偶発的な経験のみで、立派な人格や高い職業能力が身につく保証はない。

　だから、人は学習を人為的に操作しようとする。私たちはそれを「教育」と呼んでいるのである。もちろん、何が望ましいかは価値観のかかわることであるから、教育活動の中身は多種多様である。しかし、学習の操作を試みているという点は、あらゆる教育活動に共通している。

　したがって、教育について考えるならば、その価値観にかかわらず、まずは人間が学習するとはいかなることかを理解しなければならない。しかし実のところ、学習に対する考え方自体もまたさまざまである。

　そこで本章では、これまでに研究者たちが示してきた代表的な学習理論を概説しつつ、教育実践、とりわけ学校教育とのかかわりについて述べる。その際、学習の理論の歴史に沿いながら、①行動主義、②認知主義、③社会的構成主義、の三つに大別して概説していく。ただしそれらの理論は、後年に登場したものが正しいというわけではない。それぞれが学習を通して人間のある側面を切り取っている。読者の皆さんには、理論の優劣ではなく、学習という視点から人間をとらえることにより、そこに浮かび上がる人間観をそれぞれの立場から見いだしながら読んでいただきたい。

第1節　行動主義の学習理論

1　行動主義とは

　科学としての心理学の発想は、19世紀後半の欧州で生まれた。ドイツのヴント（Wundt, Wilhelm　1832-1920）に代表される、その草創期の研究者たちは、「意識」に関心を持ち、物質を分子や原子で説明するかのように、意識を感覚・心象・感情といった小さな構成単位で説明することを目指した。このことから、この時期の心理学は「意識主義」といわれた。

　しかし1913（大正2）年、米国のワトソン（Watson, John Broadus　1878-1958）は、意識主義の心理学を、真の科学たりえないものと自著で批判した。というのも、意識主義の心理学は、内観報告（実験参加者自身による自己の意識の観察報告）を実験データとして用いていたからである。ワトソンは、それが主観的で再現性に乏しく、科学に必要な「公共性のある観察」ではないと考えた。そして、実験データは、目に見える行動に限定すべきであると主張した。同時に、心理学の目標が「意識の状態の説明」ではなく、「行動の予測と制御」にあると主張した。また、人間と動物の行動の違いを複雑性のみとし、そこに統一的な理論を形成すべきであるとも主張した。

　ワトソンは、その新しい心理学観を、意識主義の心理学に対して「行動主義」と呼んだ。行動主義は、特に米国で多くの研究者に支持された。そして行動主義者が注目した学習の側面は、「行動の変容」であった。

2　古典的条件づけ学習

　生体の行動（反応）は環境の変化（刺激）に応じて生起する。だから初期の行動主義者にとって、「学習」は「刺激（Stimulus）と反応（Response）の連合（結びつき）が形成されたり消失したりする」ときに成立するものであった。ではその連合はどのように形成されるのだろうか。ワトソンを始めとした米国の行動主義者たちは、ロシアのパブロフ（Pavlov, Ivan

Petrovich　1849-1936）による、イヌの条件反射の研究にそのヒントを見いだし、次のように説明した。

　イヌは、食べ物を口にする（刺激）と唾液を分泌する（反応）。これはイヌが生得的に備えている刺激と反応の連合であり、それぞれ「無条件刺激（unconditioned stimulus: US）」「無条件反応（unconditioned response: UR）」と呼ばれる。他方、イヌの近くで電灯がついても、別の反応（瞳孔が閉じるなど）はいざ知らず、唾液分泌は生起しない。よって「電灯の点灯」は「唾液分泌」を生起させるわけでも抑制するわけでもないという意味で、「中性刺激（neutral stimulus: NS）」と呼ばれる。しかし、近くで電灯をつけてすぐに食べ物をやり、電灯を消すこと（対提示）を繰り返すと、ある時点から、食べ物をやらなくても、電灯がついただけで、イヌは唾液を分泌するようになる。この場合の唾液分泌は、生得的なものではなく、イヌが食べ物と電灯の点灯の対提示を経験し続けるという条件下でのみ生起するものである。ゆえに「対提示後の電灯の点灯」と「対提示後の唾液分泌」は、それぞれ「条件刺激（conditioned stimulus: CS）」「条件反応（conditioned response: CR）」と呼ばれる。

　このような、USとNSを対提示することによりNSとUR間に連合が形成されるという考え方が、「条件づけ学習」の理論の基本となり、一般化や消去、2次的条件づけ、情動反応など、応用的な研究が数多く行われた。

3　オペラント学習（道具的条件づけ学習）

　刺激に対する応答として行動を説明する条件づけ学習は、イヌが飼い主に擦り寄るような自発的な行動の学習を説明できない。19世紀末のソーンダイク（Thorndike, Edward L.　1874-1949）の研究に端を発し、米国のスキナー（Skinner, Burrhus Frederic　1904-1990）が1950年代に発展させた「オペラント学習」の理論は、それを説明するものであった。

　スキナーは、スキナー箱と呼ばれる、レバーを押すと餌が出てくる装置を内側に取り付けた箱を作成し、空腹のネズミを入れた。するとネズミは、当初、歩き回るなどさまざまな行動を示した。しかし偶然レバーを押すこ

ともあり、ネズミは出てきた餌を食べることができた。そのうちしだいにネズミがレバーを押す回数が増加した。しかし、レバーを押しても餌が出ないようにすれば、レバーを押す回数がしだいに減少した。

　スキナーは、この実験に基づいて、行動の学習を次のように説明した。重要なのは、ある行動（上述の実験ではレバー押し）に引き続いて起こる環境事象（餌の出現）であり、その事象が生体にとって報酬となるものであれば（強化という）、行動の生起頻度が増大する。他方、生体が嫌悪する事象（たとえば電撃）であれば（罰）、行動の生起頻度が減少する。

　このような、まるで環境の効果を「操作する（operate）」かのように、環境事象の変化に応じて生体の反応が増減するという考え方がオペラント学習の理論の基本である。この理論において、「学習」は、「強化や罰」により、「特定の反応の頻度が増減する」ときに成立するものとなる。

4　行動主義と学校教育

　古典的条件づけ学習は、望ましくない反応を消失させる場面に向いている。たとえば、不登校の支援においては、対象児をリラックスさせたうえで、不安を引き起こす場面（教師、学校の門など）の写真を見せたり、想像させたりすることを繰り返して、不安を消失させる技法が用いられる。

　他方、オペラント学習は、特定の明確な反応の形成に非常に向いており、実際、スキナー自身がその理論を応用した「ティーチングマシン」と呼ばれる教材を開発した。その教材の原理（第4章参照）は、CAI教材をはじめ、現代の多くの教材や授業法に生かされている。

　また、この理論を知らずとも、私たちは褒美や叱責を用いて、日常的に子どもの行動や習慣を制御している。しかし理論を明確に意識すれば、より効果的な制御が期待できるだろう。というのも、理論に基づいているわけではない自然な状況下では、思いがけぬところで望ましくない反応を強化していたり、望ましい反応を強化できていなかったりすることがあるからである。不適切な環境下では、子どもが望ましい反応を自発的に一切行わなくなってしまう、いわば無力感が学習されてしまうことさえもある。

第2節　認知主義の学習理論

1　認知主義とは

　ワトソンの行動主義宣言と同時期の1912（大正元）年、ドイツのウェルトハイマー（Wertheimer, Max　1880-1943）は、別の面でヴント流の心理学を批判した。それは意識を要素の集合と考えた点であった。交互に点滅する2点が移動しているかのように見える仮現運動のような知覚は、二つの感覚の集合ということで説明できず、大脳における、そのまとまりの体制化を想定するべきだと主張したのである。要素への還元を避け、大脳に関心を向けるその発想は、特にドイツで多くの研究者に支持され、「ゲシュタルト（"まとまり"の意）心理学」と呼ばれる学派が形成されるに至った。
　そしてその大脳への関心を受け継いだのが、今日に続く認知科学である。認知科学は、1950年代中頃、米国のブルーナー（Bruner, Jerome Seymour　1915-）など、記憶、思考、問題解決のような、人間の内的な認識過程に関心を持つ研究者たちに提唱された研究枠組みである。その中心的な方法は、人間をコンピュータになぞらえて、モデル化することであった。これにより、人間の認識過程の明確な記述が可能になったのである。
　この認知科学やゲシュタルト心理学のように、目に見える行動だけではなく、生体の内的な過程を重視する立場が「認知主義」と呼ばれる。そして認知主義者が注目した学習の側面は、「認識の変容」であった。

2　観察学習

　人は、直接自身で行動したことがなくても、他者の行動を見たり、本を読んだりすることで、それを模倣して行動を変容させることもある。こうした学習は「観察学習」と呼ばれており、米国のバンデューラ（Bandura, Albelt　1925-）が1960年代に行った研究がよく知られている。
　バンデューラは、風船人形を投げ飛ばしたり、ハンマーでたたいたり、

蹴飛ばしたりする大人のモデルや、それを写した映像を子どもに見せた。その後、子どもを風船人形や、その他のおもちゃが多く置かれた部屋に入室させた。すると、その子どもたちは、モデルの攻撃行動を見せなかった子どもたちよりも、風船人形に対して多くの攻撃的反応を示した。

当初、バンデューラは、オペラント学習の原理を強調して観察学習を説明した。すなわち、モデル（観察対象）の行動が、引き続いて起こる環境事象を教えるので、観察者（学習者）も強化されるのだと説明した。しかし、学習者が特定のモデルや行動に注目していること、観察した行動を後から実行していること、モデルが報酬を得ていなくても模倣が生じることがあることなどを説明するには、認知過程を無視できなかった。

このため、バンデューラは後の著作において、観察学習における認知過程の重要性を強調した。それは、①モデルの行動に注意を払う注意過程、②観察したことを覚えておく保持過程、③その行動を再生する運動再生過程、④その行動を再生しようとする動機づけ過程、であった。

こうした観察学習の視点に立ったとき「学習」は、「主体的な観察」によって「示範に一致した反応を遂行する」ときに成立するものとなる。

3　構成主義

認知主義は、個人の内的な変容に注目している時点で、全て構成主義と言える。しかしその中でも学習者自身の能動的な知識変容を特に重視する立場が、狭義に「構成主義」と呼ばれる。この立場は、1980年代以降、特に科学教育の分野で広く支持され、教育実践に取り入れられた。

構成主義者は、知識について独特の考え方をしており、個々の事実ではなく、その解釈・関連性・位置づけといった「枠組み」を重視する。また、学習者についても独特の考え方をしており、人類がそうして世界を解釈してきたように、学習者も枠組みを積極的に構成しようとする存在だと考える。そして枠組みは、直接的に学習者に伝達できるものではなく、学習者の能動的な構成に働きかけることを通してのみ伝達できると考える。

その構成主義者にとって「学習」は、「既有の枠組みが別の形に再構成

される」ときに成立する。そしてそれは、学習者が「個々の事実の間にある矛盾を自覚して解消する」ことを通して起こる。

　たとえば、子どもは、「地球は円盤のような形をしている」「湯気は気体である」「光を集めるとレーザー光線になる」といった科学的に誤った知識を持っている場合があるが、直接そう誰かに教えられたとは考えにくい。恐らく、自分で見たこと、人から聞いたこと、前から知っていたことなど、断片的な事実を統合して、自らそのような誤った枠組みを構成したと考えられる。そして「湯気は気体である」という例に如実に表されるように、学校で学んだ事実までもがそこに取り込まれていることがある。

　ではそれを再構成させるにはどうすればいいだろうか。そこで構成主義者は、子どもでも自分なりに個々の事実を整合的に位置づけようとしている点に着目し、矛盾を自覚させることを重視するのである。たとえば、「円盤の地球」が「地面が平たい」という事実と「地球は丸い」という事実の矛盾を解消するために生み出されたのであれば、その矛盾を自覚させたうえで、「巨大な球体を近くで見ると丸く見えないこと」や重力の存在について教えれば、より科学的な枠組みへの再構成が期待できる。

4　認知主義と学校教育

　教師の解説と、テキストによる授業を中心とする近代の学校教育において、認知主義の学習観は非常に親和的である。それゆえ、観察学習はもちろんのこと、スキーマ、方略学習、読み書きの認知モデルなど、実に多くの認知科学の研究成果が、教育実践に取り入れられてきた。強いて、認知科学が学校教育に与えた影響を簡潔に言い表すとすれば、それは「学習者の視点に立つこと」「学習者の能動性や動機づけに働きかけること」を学校教育に広く浸透させたことかもしれない。

　この他、特筆すべきこととして、うつ病の治療などを目的に、認知主義と行動主義の理論を取り入れ発展した「認知行動療法」の技法が、生徒の問題行動の矯正や、自己啓発教育に導入されていることが挙げられる。

第3節　社会的構成主義の学習理論

1　社会的構成主義とは

　17個129円の商品と、11個83円の商品のどちらがお買い得かを考えるなら、1個当たりの単価を計算するかもしれないが、10個100円の商品と、20個180円の商品の比較なら、多くの人は、ほぼとっさに前者を2倍して比較するだろう。あるいは、もし急いでいたなら、比較すらしないかもしれないし、手元に計算機があれば、それを使うかもしれない。そのように、日常生活を顧みると、人間の知的活動は、たとえ似たような活動でも、置かれた状況により一様ではないし、過去に身につけた方法からどれかを選んで用いているわけでもなく、その場その場で即興的に展開される。

　行動主義も認知主義も、人間の活動をそのような現実の文脈から切り離して理解しようとしている点では共通していた。その人間に対する矮小化された理解への問題意識から、1980年代ごろ、米国のレイヴ（Lave, Jean 1939-）をはじめ、他者、道具、制度など、さまざまな社会的状況の中で生きる人間に、目を向けて理解しようとする立場の研究者が増え始めた。そのような立場が「社会的構成主義」と呼ばれる。そして社会的構成主義者が注目した学習の側面は、「活動の変容」であった。

2　正統的周辺参加

　一部の職業世界に見られる徒弟制度では、通常、師匠が弟子に授業のような明確な教育を施すことはない。それどころか、弟子は職業能力に直結しない雑務にまで従事する。教育制度として見たとき、この制度は非効率に見える。それにもかかわらず、多くの弟子が一人前になっているし、制度は形を変えることなく連綿と続いており、結果として成功している。

　1980年代、多くの研究者が、学校教育の諸問題を解決するヒントを求め、この制度に注目した。そして、「認知的徒弟制」という言葉が流行し、教

師と生徒が、熟練者と見習いになぞらえて語られるようになった。

レイヴも徒弟制度に関心を持つ研究者の一人であったが、徒弟制度に対する一般的な理解は矮小であると考えた。そして、1991（平成3）年、彼女はウェンガー（Wenger, Etiennne 1952-）と共に、徒弟制度にとどまらず、人間の共同体活動における熟練の全てを包含する新しい考え方を述べた。

それによれば、人間が何かに熟練していくことと、共同体への参加過程は切り離せない。というのも、共同体に潜む知識・技能の獲得機会と、人間関係、そこにある道具との関係、そして参加者自身のアイデンティティは、常に密接な関係を持ち相互に変化し続けるからである。そして共同体に参加する者は、最初はそれらの一面とかかわり、徐々に全面的にかかわっていく中で、知識・技能を少しずつ獲得していく。たとえば、職場の仲間と親しくなるにつれ、有益な情報も得られるようになり、しだいに自分の立場も変わり、そして職務遂行の要領を得ていく。

そのように見ると、「学習（熟練）」は、「知識・技能の獲得」だけではなく、それも含む、「共同体や協同作業への周辺的（peripheral）参加から十全的（full）参加に至る過程」そのものととらえ直される（「部分から中心」ではない）。レイヴらは、この過程を「正統的周辺参加」と呼んだ。

3 分散化された認知

人が独力で難しい問題を解く場面を想像すると、認知活動を個人の内的過程と見なす古典的な認知科学は正しいように思える。しかし2人で相談しながら解く場面を想像すると、そのとらえ方に疑問が生じる。

そして、実際の人間の生産活動を眺めてみると、ほとんどのことが複数の人の協同で行われている。企業は、会議室での対面による協同はもちろん、電話やメールを介して報告・連絡・相談し合って、組織として協同しながら業務を遂行している。もっと広い視野で見れば、自動車や携帯電話のような複雑な製品の生産には多くの人がかかわっており、この社会全体が、協同活動によって成り立っているものだとも考えられる。

また、一人で仕事をしているように見える文筆家でさえ、辞書や文献

といった他者の知識の恩恵を受けて著作を生み出している。そして辞書や文献を協同の媒介物として持ち出すならば、人は人工物を介してほとんどいつも誰かと協同していることになる。さらに言えば、人工物は長年の歴史の産物であるから、過去の人とも協同していることになる。

このように考えると、認知活動の所在を個人の内的過程だけに求めるのはもちろんのこと、どこかに所在を求めようとすること自体が誤りであるように思われる。そこで、1980年代後半頃から、研究者たちは認知を複数のものに分散されているものと見なすようになり、そのことを強調するとき、「分散化された認知」と表現するようになった。この見方に立ったときの学習観は、伸ばすべき個人の力は何かという点で教育観にも強くかかわり、一様ではない（例えば、コンピュータを活用して計算する力と暗算力はどちらが重要か）。しかし強いて言うなら、この立場にとって「学習」は、「エージェント（他者、人工物、制度）が協同」して「より高いパフォーマンスを発揮すること」そのものということになる。

4　社会的構成主義と学校教育

極端な社会的構成主義者からすれば、学校教育こそ社会的文脈から切り離されたものとして否定される。しかし多くの研究者は、その見解を学校教育にうまく取り入れようとしている。実際、フィンランドの教育が社会的構成主義を強く意識していることはよく知られているし、日本の教育でも近年ますます意識される傾向にある。

具体的には、グループ学習や調べ学習は、従来、到達目標が設定されていることが多く、どちらかといえばそれは認知主義的な「知識・技能の獲得」の一つの手段にすぎない面が強かったが、近年は、学習目標よりも活動過程が重視され、生徒どうし、生徒と教師の協同が強調される傾向にある。また、地域との連携教育、職場体験学習、インターンシップなど、学校の外にある社会的資源を教育に取り込む傾向も高まっている。

おわりに

　それぞれの学習理論が、違う角度から学習の姿を照らし出してきた。私たちは、どの立場に立つかということではなく、教育内容や教育対象に応じて理論をうまく折衷していくべきであろう。読者の皆さんが、そのようにして理論を教育実践のヒントにしていって下されば幸いである。

【文献一覧】

　アイゼンク, M. W. 編（野島久雄・重野純・半田智久訳）『認知心理学事典』新曜社、1998年

　大山正・岡本夏木・金城辰夫・高橋澪子・福島章『心理学のあゆみ』有斐閣、1993年

　オズボーン, R.・フライバーグ, P.（森本信也・堀哲夫訳）『子ども達はいかに科学理論を構成するか：理科の学習論』東洋館出版社、1988年

　ガードナー, H.（佐伯胖・海保博之監訳）『認知革命：知の科学の誕生と展開』産業図書、1987年

　桜井久仁子・河合伊六『不登校：再登校の支援』ナカニシヤ出版、2000年

　サトウタツヤ・鈴木朋子・荒川歩編著『心理学史』（心理学のポイント・シリーズ）学文社、2012年

　ソロモン, G. 編（松田文子監訳）『分散認知：心理学的考察と教育実践上の意義』（現代基礎心理学選書）協同出版、2004年

　ドライヴァー, R.・ゲスン, E.・ティベルギェ, A.（内田正男監訳）『子ども達の自然理解と理科授業』東洋館出版社、1993年

　ノーレン・ホークセマ, S.・フレデリックセン, B. L.・ロフタス, G. R.・ワーグナー, W. A.（内田一成監訳）『ヒルガードの心理学』金剛出版、2012年

　ポップルストーン, J. A.・マクファーソン, M. W.（大山正監訳）『写真で読むアメリカ心理学のあゆみ』新曜社、2001年

レイヴ, J.・ウェンガー, E.（佐伯胖訳）『状況に埋め込まれた学習：正統的周辺参加』産業図書、1993年

レイヴ, J.（無藤隆・山下清美・中野茂・中村美代子訳）『日常生活の認知行動：ひとは日常生活でどう計算し、実践するか』新曜社、1995年

第4章

教授と学習

髙橋　功

はじめに

　「教える」とは何だろうか。この活動を具体的にイメージするとき、恐らく多くの人が最初に思い浮かべるのは、教師が教壇に立って黒板に書きながら学習者に説明している光景であろう。しかし少し考えてみると、それは「教える」という活動の一つの側面にしかすぎないことが分かる。

　教師は、説明するだけではなく、問題集に取り組ませることもあるし、テーマを与えて考えさせることもある。ときには一歩身を引いて、学習者どうしに教え合わせたり、自由研究に取り組ませたりすることもあろう。また、評価を与えることも「教える」という活動の重要な一側面である。

　そのように「教える」活動は多様であり、その意味は特定の行動からは見いだせない。この活動の本質は、その背後にある、学習者への影響に関する意図にあるのである。つまり、板書自体は単なる行動だが、それにより学習者が何かを学ぶと意図するなら、それは「教える」活動となる。

　それゆえ教育心理学では、「教えること」（教授）は常に「教える側」と「学ぶ側」の相互影響過程として論じられてきた。その点を強調し、単に「教授」というのではなく、「教授―学習過程」ということも多い。

　もしも「よく教えたい」と願うのであれば、その影響過程についての議論は避けられない。その考え方によって教え方が異なるからである。そこで本章では、これまでに研究者たちが示してきた幾つかの教授理論を概観する。これらの教授理論は、技術論でもなければ、単なる学習理論でもないし、特定の変数間の関係法則でもない。目標や動機づけなど教授と学習にかかわるさまざまな変数を包含した影響過程のモデルである。「教える」ということについていかに考えるかの総合的な立場と言ってもよい。

　本章では、目標に注目し、知識・技能などの実質的なものの陶冶（とうや）を重視するもの、意欲・態度などの形式的なものの陶冶を重視するものに分けて教授理論を概説しつつ、教師に求められる役割と素養について述べる。そのうえで、人間が人間に「教える」ことの意味の歴史的変遷を見渡し、これからの時代において「よく教える」ために何が必要かを論じる。

第1節　知識・技能を重視する教授理論

1　伝統的教授法

　種々の教授理論に触れる前に、伝統的教授法について述べる。というのも、新理論は常に伝統的教授法と対比的に特徴づけられて提唱されてきたからである。伝統的教授法の背後には、人々が素朴に持つ教授理論があり、それは「教壇で説明する」という典型的イメージ、すなわち、教師が集団に対し知識・技能を直接的に伝え授ける形式に如実に反映されている。つまり、学習者は入れ物のような存在で、知識・技能はそこに注入できるという考え方である。動機づけについては、あるという前提で考慮されない。学習者間の学習速度の違いにも配慮されない。学習者間の対話もない。この理論は素朴なものだが、実際に教授の基本型として使用されてきたし、社会全体に浸透している限りは無視できないものである。

　ここでの教師の役割は知識の供給者であり、素養としては、教授内容に関する豊富な知識・技能・経験と、威厳やカリスマ性が重視されよう。

2　有意味受容学習

　学習者が受動的に学ぶ伝統的教授法は、無味乾燥でつまらない機械的暗記学習になりがちということで批判されることが多かった。だから学習内容を直接伝えず、学習者に能動的に考えさせるべきだと主張されてきた。

　そうした文脈の中で、オーズベル（Ausubel, David　1918-2008）が1960年代に提唱した有意味受容学習は、その主張に反し、伝統的教授法の受動性を擁護するような理論であった。オーズベルは、受動的に学べば無意味な機械的暗記学習に、能動的に学べば意味ある学習になるという前提が必ずしもあるわけではないとし、受動的に学んでも有意味な学習にできると考えた。ここでいう有意味な学習とは、学習者の中で学習内容が他の知識と関係づけられたり、重層的に位置づけられたりして、その認知体系全体に

取り込まれることである。オーズベルは、そうした学習に必要なことは、能動性ではなく、認知的な枠組みの準備であると考えた。

　オーズベルは、その枠組みを総じて先行オーガナイザーと呼び、比較オーガナイザーと説明オーガナイザーの2種類があると考えた。比較オーガナイザーは、学習内容と、学習者が既に知っているそれと類似した知識との関係性の枠組みである。たとえば、外国の食生活を学ぶ際は、日本のそれとの共通点や差異を考えると、知識を消化しやすい。これに対し、説明オーガナイザーは、学習内容よりも抽象性や一般性の高い知識との関係性の枠組みである。たとえば、外国の食生活を学ぶ際は、気候・風土と採取される食材の特徴との関連を考えると、知識を消化しやすい。

　したがって教師は、学習の本題に入る前に、単なる要約の導入ではなく、学習者の中に先行オーガナイザーを作る、あるいは注意を向けさせる導入を行うべきとされる。具体的には、直接それを指摘したり説明したりすればいいし、適切な予習課題を与えるのも一つの方法であろう。

　ここでの教師の役割は、学習者の中に知識体系を組み立てる、あるいは組み立てることを助ける建築家であり、その素養としては、教授内容に対する深い理解と分析、学習者の既有知識に対する理解が重視されよう。

3　プログラム学習

　1950年代にスキナー（Skinner, Burrhus Frederic　1904-1990）が提唱したプログラム学習は、行動主義心理学の考え方を教授場面に持ち込んだような理論であった。すなわち、①学習は目に見える行動として確認されなければならない、②複雑な学習内容も単純なものに分割できる、③学習は反応の強化によって成立する、という学習観である。このため、教授は次の原理に沿って行われなければならないという。(1) 目標となる反応を細かく分けて順次確実に強化するべきとする「スモールステップの原理」、(2) 学習者が自発的に反応するべきとする「積極的反応の原理」、(3) 強化はすぐに与えられるべきとする「即時フィードバックの原理」、(4) 誤答の連続で意欲を失わせないために最初はヒントを多く与え、しだいにヒント

を取り去るべきとする「フェーディングの原理」、(5) 学習速度の個人差に応じて学習は個別に行われるべきとする「自己ペースの原理」である。

　この理論に沿った教授の例としてイメージしやすいのは、コンピュータゲームのチュートリアルである。プレーヤーは、ミッションを簡単なものから難しいものまで段階的に与えられ、成功しない限り次の段階に進めず、失敗すれば同じ段階のものを何度も繰り返させられる。そうして最終的に複雑な操作やルールが習得できるようデザインされている。

　しかし、そのような教授を教師が教室で集団相手に行うのはほぼ不可能である。実のところスキナーも、この教授理論に沿った教授は、人間よりも機械、あるいはそうデザインされた問題集を用いての、学習者による自己教授に向いていると考え、ティーチングマシンと呼ばれる装置を実際に開発した。むしろこの理論は、ティーチングマシンの存在も含む。当時の装置は、問題や解答が印刷されたロール紙を手で回すアナログなものであったが、コンピュータが普及した現代、CAI教材という形で再現されている。

　プログラム学習は、機械が教師に取って代わるものであり、登場当時は心情的な反発も多かったようである。しかし、登場から半世紀以上たち、コンピュータが普及した現在でも教師に代わらなかった大きな原因は、その点よりも、内容作成の難しさにあった。学習内容を細分化するのは膨大な労力を要するし、学術的な知識体系をそのまま細分化すればいいわけでもない。細分化の程度の問題もある。ただしそれは、プログラム学習の問題というより、あらゆる教授法が抱え続けている問題でもある。

　プログラム学習の学習観は、教師にプロのトレーナーとしての役割を思い起こさせ、学習内容の丁寧な順序立て、確実なフィードバック、個人間の学習速度の違いへの対応の重要性を感じさせる。ただし教材の存在まで含めるなら、プログラム学習から得られる示唆も異なる。教材の活用しだいで、教師の役割の可能性が大きく広がるからである。実際、機械利用と対極にあるかのような教授理論を提唱した、後述のロジャーズやブルーナーも、プログラム教材を有用な学習資源として肯定的に論じている。

4 完全習得学習

　完全習得学習は、1960年代末にブルーム（Bloom, Benjamin Samuel　1913-1999）を中心とした研究者たちが提唱した理論であり、授業全体の運営のあり方に関する指摘に特徴を持つ。ブルームらは、授業についていけない学習者の存在を問題視した。伝統的教授法は、そうした落伍者の存在をはなから必然的なものとして暗に容認してしまっているという。

　ブルームは、学習者間の到達水準の差の原因は、スキナーと同様に、学習速度の違いにのみ帰されると考えた。よって、時間さえかければ全ての学習者を一定の水準に到達させられるはずだと考えた。そしてそれを教育の目標として重視するべきだと考えた。しかしだからといって個別学習を推奨したわけではなく、一斉集団授業の方法を改善すればよいと考えた。

　どう改善すればいいのだろうか。ブルームの最も特徴的な提案は、評価と指導の一体化であった。現在も単に評価といえば、一連の教授終了後の学期末テストに基づき行われる「総括的評価」を指すことが多いが、そうした評価は、今現在の学習指導に対しては何も機能しない。これに対し、評価を単元の途中に行えば、その結果に応じて個別に補習課題を与えるなど、きちんと全ての学習者を追いつかせるように対応できる。ブルームは、そのように機能する評価を「形成的評価」と呼んだ。また、そのデータは、次年度のカリキュラム改善にヒントを与え、全員に必ず習得させるという目標にさらに一歩近づくこともできる。なお、最初のクラス分けのために機能する評価は「診断的評価」と呼ばれた。

　形成的評価は、やはりテストに基づき行われることになるが、それは学期末テストの分割版であってはならない。単元のどこでつまずいているのかが分かる診断的なものでなければならない。ゆえにそのテストは、単元の構成要素を詳細に分析した細目表（覚えるべき知識、理解すべき法則など）に基づく網羅的なものでなければならない。点数は必要ない。

　ここでの教師の役割は品質管理者であり、求められる素養は、PDCAの姿勢と、全ての学習者を必ず目標に到達させるという強い信条であろう。

第2節　意欲・態度を重視する教授理論

1　発見学習

　発見学習は、1960年代にブルーナー（Brunerk, Jerome Seymour　1915-）を中心とした研究者たちに提唱された。ブルーナーは、科学技術が発展した社会では、問題解決は機械が行うようになり、人間には人間にしかできないこと、特に問題発見が求められるようになる、と当時から既に考えていた。だから教育も発見する力を授けるものになるべきだと考えた。

　それはどのような力だろうか。一つは学問の力であるが、ブルーナーは、莫大で移ろいやすい記述的な知識ではなく、物事のとらえ方において各学問で基盤となっている基礎観念（より一般的な概念や原理のことであり、たとえば、最新の物理学理論ではなく「保存の法則」、難解な文章ではなく「文法の規則」、方程式の解法ではなく「交換の法則」）を重視した。もう一つは、人類がその基礎観念を発見する過程で実際に行ってきた、試行錯誤、直観、帰納といった思考の力であった。ゆえにブルーナーは、学習者が自分で基礎観念を見つけ出す「発見による学習」を奨励した。そうすれば、発見する力も鍛えられる、つまり「発見の学習」も起こると考えた。

　また、基礎観念は、実のところ単純なものであり、工夫すれば幼児にでも教えることができると考えた（たとえば、「密度」を数値で理解できずとも、「ギュウギュウなら数が多い」ことは幼児でも感じる）。むしろそうして発達段階に応じて何度も同じ観念に出会わせ、それをより精緻化するように育てていくべきだと考え、カリキュラム全体の計画性も重視した。そのように構造化されたカリキュラムは、らせん型カリキュラムと呼ばれる。

　ではどのような教授過程で発見学習を具現化できるだろうか。学習対象となる基礎観念を説明せずに、個別事例や問いを与えて学習者に感じさせたり考えさせたりすればよい。教師は、発見を励まし導く対話者として、教具の一部になりきる。それは討論型の授業で行いやすいだろうが、重要

なことはそうした外見上の形式ではなく、あくまでも学習者に観念を発見させることであり、それが可能なら一斉集団授業でもよいだろう。

なお、板倉聖宣（きよのぶ）（1930-）の仮説実験授業を発見学習の一種と見なす人もいるが、思考を巡らせる能動的学習という点はともかく、発見学習が仮説演繹（えんえき）よりも帰納や直観を重視した点からすると、かなり異なる。

ここでの教師の役割は、困難を与え語らず、対話を通し弟子を見守る世の理への導き手、いわば老師である。素養としては、研究者のような基礎観念の深い理解と、教える際の忍耐強い誠実さが求められよう。

2　学習科学

学習科学は、1970年代から90年代にかけて、認知科学から派生するようにして徐々に輪郭を現してきた分野である。あるいは、新分野誕生の常で、その時期から目立ち始めた研究の特徴をとらえて、後から命名されたと言ったほうがよいだろう。その特徴の詳細は他書に譲り、ここでは「学際性と実践性を持った新しい学習心理学」という紹介にとどめる。

そのような一つの研究分野を他の教授理論と並列的に紹介するのは不適切かもしれない。しかしそこにはおよそ共有されている教授に対する一定の考え方がある。ここでは目標に対する考え方について述べる。

その目標とは、自立した学習者の育成である。現代社会は、さらに高度なコミュニケーション力、さらに複雑な問題を発見・解決する力を求め続けるので、人は生涯にわたって学び続けなければならない。そうした中、多くの研究者が、自分で学習していく力こそが必要になると考えている。

それはどのような力だろうか。一つは、読解、作文、数学、理科といった、ごく基礎的な科目の学力である。なぜならそれらの科目は、新しいことを学ぶ際の道具になるからである。だからそれらの学力は、これまで以上に、現実の状況の中で活用できるようなものにならなければならない。そしてもう一つは、自分の学習を管理する力である。これには、自分の動機づけの高め方、学習計画の立て方といった全体的な学習管理から、目の前のテキストの読み方といった直接的なことまで、さまざまな段階の力が

含まれる。

　どう教授すれば、そのような力を授けることができるだろうか。このときに鍵になる概念が「メタ認知的知識」および「メタ認知技能」である。これは、自分は何を覚えているか、自分は何を理解できているか、自分は何が分からないかといったことにかかわる知識と、それをモニターしコントロールする技能である。従来の教授法では、教師が、学習者のそうした自己認知の肩代わりをしていたが、それを学習者自身に行わせていくのである。そのためには、何かを学ぶ過程において、まずメタ認知の熟達者である教師がそれを言語化し（ここが難しい、これには何それの知識が必要だ、といったこと）、学習者に明示的に示さなければならない。そして、やがて学習者自身がそれを自分でするように仕向けていかなければならない。実践性に特徴を持つ学習科学の研究は、より具体的な授業法も提案しているので、必要があれば参照されたい。読解における「相互教授法」、作文における「協力的プランニング法」は、とりわけよく知られている。

　ここでは、何を学ばせるかだけではなく、どのように学ばせるかが重要となる。教師は、分かりやすく説明してしまうのではなく、学習の場を設定し、学習者の学びにつき合いながらリードしていかなければならない。その役割はコーチと言えよう。そのため、教師には、認知科学者としての視点、学習環境のデザイナーとしての自覚が求められるだろう。

3　学生中心法

　学生中心法は1950年代に臨床心理学者のロジャーズ（Rogers, Carl Ransom 1902-1987）によって提唱された。来談者中心療法の考え方を教授場面に持ち込んだ理論であり、個人にとっての意味を重視し、伝統的な管理教育、特に教師の姿勢の変革の必要性をうたったものである。

　ロジャーズによれば、管理教育において多く行われていることは、教師にせよ学習者にせよ、役割の仮面をかぶりながらの演技である。学習者は、自分とのかかわりが全く感じられないこと、本心からそう思えないようなことをしかたなく表層的に学んでいる。そのため、学習が全人的な成長に

はなんら寄与していないと言う。教師も、公人としての客観性を重視して本心を隠し、個人にとっての意味の問題は不問に付していると言う。

確かに、試験や選抜にかかわる部分だけを重視するような学習を思い起こせば、この指摘は的を射ている。そのような学習は、規則や制度のみに意味づけられており、何を学ぶかの権利と責任が、全て管理者に委ねられていることを如実に物語っている。つまり、規則や制度しだいで中身は何にでも交換可能であり、学習者はそれに対応するのみである。そのような無責任な学習が学習者の血肉にならないのは当然であろう。

そこでロジャーズは、学習内容を決める権利と責任を学習者に委ねるべきだという。通常、それは非常に危険なことと見なされる。何も学ばないという選択すらされかねないと心配するからである。しかしロジャーズは、人が自己実現に向かう存在であるという肯定的な人間観によって立ち、学習者も自分なりの課題を見つけ、適切に学んでいくはずだと考える。

しかしもちろん、それは知的な刺激に満ちた環境においてのみ可能なことである。ロジャーズは、それが学校と教師の役割だと言う。だから、学校は学習の機会と資源に満ちていなければならない。そして教師は、学習者の自己成長を促進する存在でなければならない。それはどのような存在だろうか。一言で言えば、「人間として」接することであるが、とりわけ重視されるのは、まさに来談者中心療法の三原則のとおり、①無条件の肯定的配慮、②共感的理解、③自己一致の態度である。

この理論を具現化した取り組みとしては、「オープンエデュケーション」が挙げられる。これは大きめの部屋に、工芸、読書、音楽、算数、調理などさまざまな学習ブースを設け、学習者が自分で課題を決定して学習できるようにしたものである。また、無着成恭（1927-）が農村の学校で展開した社会科学習の取り組みは、意図してこの理論にのっとったわけではないと考えられるが、生徒にありのままの気持ちで身近な生活を綴らせて、そこから課題を見つけさせていった点において、まさに学生中心法と言えよう。

ここでの教師の役割は、促進者あるいは学習者と環境の相互作用の触媒

である。そのため、教師には幅広い教養と学習資源を有効活用する力、ロジャーズ流のカウンセラーに求められるような態度、そして労をいとわない誠実さが素養として求められよう。

第3節 「よく教える」ために何が必要か

1 「教える」ことの意味の歴史的変遷

　「教える」の意味は、社会の変化とともに変化してきた。ごく一部の学術的先駆者がごく少数の学習者に教えていた近代教育黎明期なら、知識の供給でよかった。しかし国民教育が普及すると、教師は多数の多様な学習者に教えるようになり、効率、分かりやすさ、治療的教授も求められ始めた。そして知識が爆発的に増えた時代は、基礎観念の理解に返る必要が生じた。生涯学習の時代になると、自己学習力が求められ始めた。

　また、「教える」の意味は、政治的問題でもある。発見学習が米国で脚光を浴びた背景に、東西冷戦における科学技術競争があったことはよく指摘される。学生中心法や生活綴り方運動のように個を重んじる教育をめぐる論争には、保守派とリベラル派の政治的対立がどうしても絡んでくる。

　さらに、教授理論の変化は教材技術の発展と普及ともかかわっている。紙や筆記用具が高価だった近代教育黎明期は、学習者は教師の話を「聴く」しかなかった。しかし明治後半には、高価な和紙ではなく廉価な洋紙の生産が盛んになり、ようやく全国に教科書が普及した。そうすると「読む」ことが重視されるようになった。さらに昭和になると、鉛筆と消しゴムが発達・普及し、ほとんど全ての児童の手に入った。そこでようやく「書く」こともできるようになった。さらに現代、タブレットPCを始めとした新しいマルチメディア技術が新たな教授の可能性を開いてきている。

2 これからの時代において「よく教える」ために必要なこと

　教師は「教える」ことの意味を固定的にとらえるのではなく、常により広い世界の中に位置づけて理解し続けるべきであろう。そして、さまざまな教授理論を時と場合に応じて、折衷したり使い分けたりする必要があるだろう。全ての教える者が、「教える」ことの研究者になる必要がある。

　しかし、教師がますます多忙になる中、個人の力はもはや限界に達しているようにも見える。その限界を乗り越えさせる力の一つは、教師共同体の力だと考えられる。協同授業、協同研究、情報交換、そうしたものが生み出す力は計り知れない。そしてもう一つは、学習者自身の協力である。どんなにすばらしい授業も、学習者自身が持つ学習モデルと不一致だったり、学習者に目標が理解されていなかったりすれば、効果は見込めない。学習者に責任を持たせ、学習の共同体に巻き込んでいかなければならない。

おわりに

　紙面の都合上、各教授理論について、いくつかの重要事項を網羅できなかった。特に、各理論の動機づけに対するとらえ方は重要であるにもかかわらず触れることができなかったので、他書、他章を参考にされたい。

【文献一覧】

　　梶田叡一『教育評価〔第2版〕』(有斐閣双書) 有斐閣、1992年
　　佐藤秀夫『ノートや鉛筆が学校を変えた』(学校の文化史) 平凡社、1988年
　　ヒルガード, E. R.・バウアー, G. H. (梅本堯夫監訳)『学習の理論〔第5版〕』〔下〕培風館、1973年
　　ブルーアー, J. T. (森敏昭・松田文子監訳)『授業が変わる：認知心理学と教育実践が手を結ぶとき』北大路書房、1997年
　　ブルーナー, J. S. (鈴木祥蔵・佐藤三郎訳)『教育の過程〔新装版〕』岩波書店、1963年

米国学術研究推進会議編著（森敏昭・秋田喜代美監訳）『授業を変える：認知心理学の更なる挑戦』北大路書房、2002年
松田伯彦・松田文子『教授心理学〔増補改訂版〕』明治図書出版、1984年
無着成恭編『山びこ学校』（岩波文庫）岩波書店、1995年
ロージァズ, C. R.（伊藤博監訳）『人間中心の教師』岩崎学術出版社、1984年

第5章

動機づけの理論

松田侑子

はじめに

教育場面で「やる気」という言葉はよく耳にする。しかし、この「やる気」とはそもそも何なのか。ここでは、心理学において、「やる気」がどのように扱われてきたのかを広く見てみよう。

第1節　動機づけとその種類

1　動機づけと欲求

　動機づけとは、ある行動を引き起こし、その行動を維持し、その結果として一定の方向に導く心理的過程のことを言う。教育現場では「やる気」とほぼ同義でとらえられる概念である。また、動機づけの源は「欲求」と呼ばれ、「〜をしたい」という身体的・心理的な状態を指している。この欲求は大きく2種類に分けられ、たとえば「眠りたい」「食べたい」「トイレに行きたい」など、生物としての生存にかかわってくる生得的な欲求を生理的欲求、「他者と親しくなりたい」「誰かに認められたい」など、社会生活を営む中で培われていく欲求を社会的欲求と呼ぶ。

2　マズローの欲求階層説

　こうした欲求について、マズロー（Maslow, Abraham Harold　1908~1970）は欲求階層説を唱え、低次の生理的欲求から、高次の自己実現欲求まで、5段階に整理されるとした（図1）。ここでは、下位の欲求が部分的にでも満たされて初めて、上位の欲求が生じると考えられている。

3　内発的動機づけと外発的動機づけ

　動機づけは、二つの観点から、外発的動機づけと内発的動機づけに分けられている。一つは「目的―手段」であり、行動を行うこと自体が目的と

図1● マズローの欲求階層説

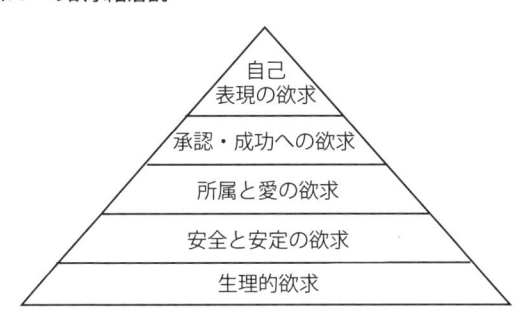

```
        /\
       /自己\
      /表現の \
     / 欲求    \
    /──────────\
   / 承認・成功への \
  /    欲求         \
 /──────────────────\
 /   所属と愛の欲求    \
/──────────────────────\
/   安全と安定の欲求      \
/──────────────────────────\
/       生理的欲求            \
──────────────────────────────
```

出典：Maslow（1943）を参考に筆者作成

なっている場合を内発的動機づけ、「行動する」ことが手段となっている場合を外発的動機づけとする。たとえば、学ぶことそのものが面白くて勉強する場合は内発的動機づけになる。これに対して、お母さんに叱られたくないから勉強する、自分の持っている知識を深めたいから勉強するという場合には、「勉強する」ことが別の目的を達成するための手段となっているため、外発的動機づけとなる。

　もう一方の「自律―他律」では、自らの意思によって物事に取り組んでいる場合を内発的動機づけとし、賞罰・強制・義務のような外部からの働きかけによって取り組んでいる場合を、外発的動機づけとする。たとえば、自ら進んで勉強している場合には内発的動機づけとなり、お父さんに「やりなさい」と言われて、しかたなく勉強している場合には外発的動機づけとなる。

第2節　動機づけの理論

1　外発的動機づけは悪いか？

しかし、こうした「内発的―外発的」の2分類は非常に単純なものであ

第5章●動機づけの理論　77

図2●二つの観点による内発的―外発的動機の分類

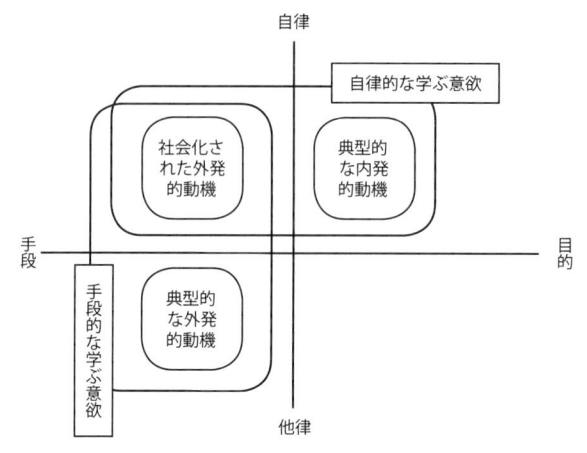

```
                    自律
         ┌───────────────────────┐
         │         自律的な学ぶ意欲    │
         │  ┌──────┐ ┌──────┐  │
         │  │社会化さ│ │典型的 │  │
         │  │れた外発│ │な内発 │  │
         │  │的動機 │ │的動機 │  │
         │  └──────┘ └──────┘  │
  手段 ──┼─────────────────────── 目的
         │┌─┐┌──────┐          │
         ││手││典型的 │          │
         ││段││な外発 │          │
         ││的││的動機 │          │
         ││学││      │          │
         ││ぶ│└──────┘          │
         ││意│                  │
         ││欲│                  │
         │└─┘                  │
         └───────────────────────┘
                    他律
```

出典：『自ら学ぶ意欲の心理学』p.8を参考に筆者作成

る。たとえば、一口に外発的動機づけとは言っても、その内容はかなり広い。先ほどの例を引き合いに出すなら、「自分の持っている知識を深めたいから勉強する」場合は、他者から強制されているわけでもなく、「勉強する」ことの大切さも理解した上での行動と言える。したがって、罰や報酬に基づく典型的な外発的動機づけとは区別できるが、勉強が「知識を深める」という別の目的を達成するための手段という点では、内発的動機づけとは言えない。こうした動機は、**図2**における「社会化された外発的動機」に当たるものである。つまり、「外発的動機づけ＝悪い動機づけ」というような図式を一概に当てはめることは難しいと言えよう。

2　自己決定理論

　自己決定理論とは、ある行動がどの程度自己決定（自律）的に生じているのかという観点から、内発的・外発的動機づけをとらえたものである（Ryan & Deci, 2000）。この理論では、動機づけを、自己決定の程度により無動機づけ・外発的動機づけ・内発的動機づけの三つに、区分し、連続するものとして一次元上に布置している（**図3**）。

図3●動機づけ、調整スタイルに関する自己決定連続体モデル

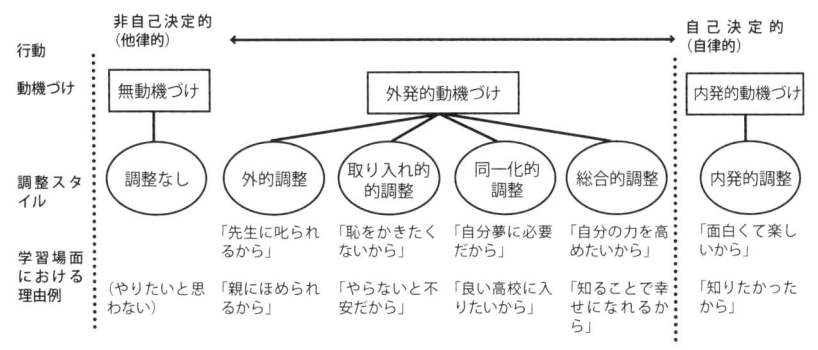

行動	非自己決定的（他律的） ←――――――――――――――→ 自己決定的（自律的）
動機づけ	無動機づけ ／ 外発的動機づけ ／ 内発的動機づけ
調整スタイル	調整なし ／ 外的調整 ／ 取り入れ的調整 ／ 同一化的調整 ／ 統合的調整 ／ 内発的調整
学習場面における理由例	（やりたいと思わない）／「先生に叱られるから」「親にほめられるから」／「恥をかきたくないから」「やらないと不安だから」／「自分夢に必要だから」「良い高校に入りたいから」／「自分の力を高めたいから」「知ることで幸せになれるから」／「面白くて楽しいから」「知りたかったから」

出典：『やさしい発達と学習』p.14を参考に筆者作成

表1●学習場面における各調整スタイルの特徴

外的調整	学習に価値を見いだせておらず、賞罰のような外部からの働きかけによって学習する。
取り入れ的調整	学習することに価値を認め、自分の価値にしようとしているが、学習よりも結果の方が重視されている。
同一化的調整	学習することに価値がある、重要なこととして受け止められており、学習にも積極的に取り組む。
統合的調整	学習することが自分の中の他の欲求・価値観と一致している。違和感なくその学習を行いたいと自然に思える。

（筆者作成）

　また、社会的な価値を自分のものにしていく内在化（自己調整）の程度から、外発的動機づけは、四つに分けることができるとされている（**表1**）。
　このように、自己決定理論では、これまでの外発的動機づけと内発的動機づけを対立するものとして扱うのではなく、自己決定（自律性）の観点から、連続するものととらえている。特に、無動機づけ、外的調整、取り入れ的調整のような、外部からの働きかけが必要な動機づけよりも、自律性の高い、同一化的調整、統合的調整、内発的動機づけのほうが、より望ましいと言えるだろう。

第3節　動機づけが高まるとき・下がるとき

1　ご褒美はやる気を高めるか？

　1960年代、心理学においては動機づけを高める上で「報酬の随伴性」が重要であるとされ、行動の結果、適切にご褒美を与えることで行動が維持・増加するという考え方が優勢であった。こうした、外的報酬と内発的動機づけの関連を扱った興味深い研究がある。レッパー（Lepper, M.R.）らは、自由時間に自ら進んで絵を描く時間量が多かった3〜5歳の幼稚園児を選び、彼らを三つのグループにランダムに割り当てた。ここでは、自発的にお絵描きを行う時間を、描画行動に対する内発的動機づけの指標とみなしている。実験は図4のように行われた。

　実験後、描画時間を比較したところ、報酬予期群は明らかにお絵描きに費やす時間が減った（図5）。

　この実験で重要なのは、もともとお絵描きに対して内発的動機づけの高かった子どもが、ご褒美をもらうことで、その動機づけを低下させてしまった点である。これは、子どもたちが当初「楽しいから」お絵描きをしていたのに対して、ご褒美が与えられる状況を経験したことによって、「ご褒美をもらうため」にお絵描きをするという、外発的な動機づけに変わってしまったためと考えられている。このように、内発的動機づけの高い活動に対して、外的報酬を与えると、もともと持っていた内発的動機づけが低下してしまうことを、アンダーマイニング効果と呼んでいる。

2　すべてのご褒美が、よくないのか？

　では、すべての外的な報酬が、アンダーマイニング効果をもたらすのだろうか。アンダーソン（Anderson, R.）らは、外的報酬の種類と内発的動機づけの関係を明らかにするために、以下のような実験を行った。まず、子どもたちに自由遊びの時間にお絵描きをしてもらい、翌週に、お絵かきを

図4●レッパーらの実験手続き

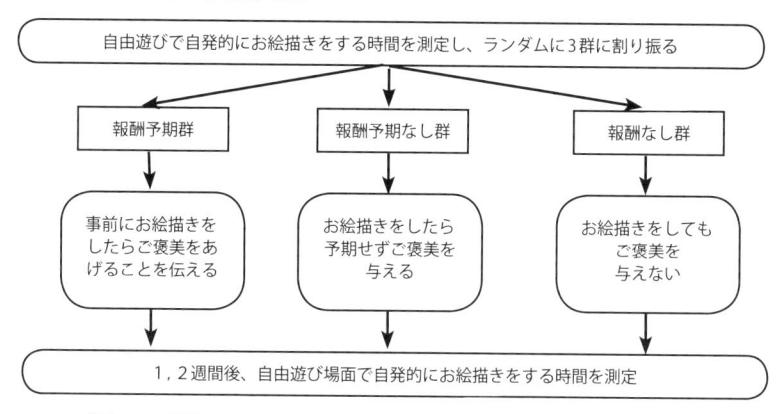

```
自由遊びで自発的にお絵描きをする時間を測定し、ランダムに3群に割り振る
        ↓              ↓              ↓
    報酬予期群      報酬予期なし群      報酬なし群
        ↓              ↓              ↓
  事前にお絵描きを   お絵描きをしたら   お絵描きをしても
  したらご褒美をあ   予期せずご褒美を   ご褒美を
  げることを伝える   与える             与えない
        ↓              ↓              ↓
     1,2週間後、自由遊び場面で自発的にお絵描きをする時間を測定
```

（注）この実験で用いられたご褒美は金色のシールとリボンの付いた賞状である。

出典：Lepper,1973を参考に筆者作成

図5●幼稚園児が自由時間に絵を描いた時間の割合

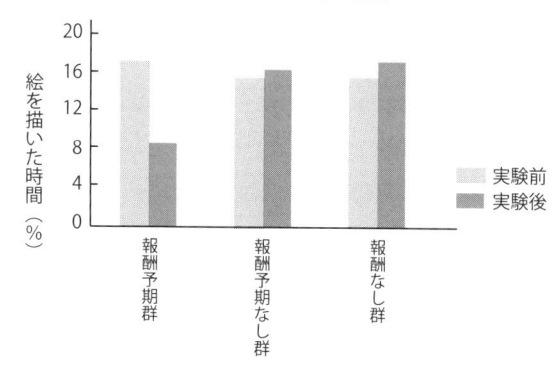

（実験前・実験後の棒グラフ：報酬予期群は実験前約17%、実験後約8%。報酬予期なし群は実験前約15%、実験後約16%。報酬なし群は実験前約15%、実験後約17%。）

出典：Greene & Lepper 1974（追試研究）p.52を参考に筆者作成

したら「お金を与える」「物を与える」「絵を褒める」の三つの実験群、「お絵描きをしても実験者が無視する」の統制群の計四つの条件のいずれかに子どもたちを割り当てた。実験を行った翌週の、自由遊びにおける描画時間が**図6**である。

この結果から、「褒める」という言語的報酬においてはアンダーマイニ

第5章●動機づけの理論　*81*

図6●報酬の種類による内発的動機づけへの影響の違い

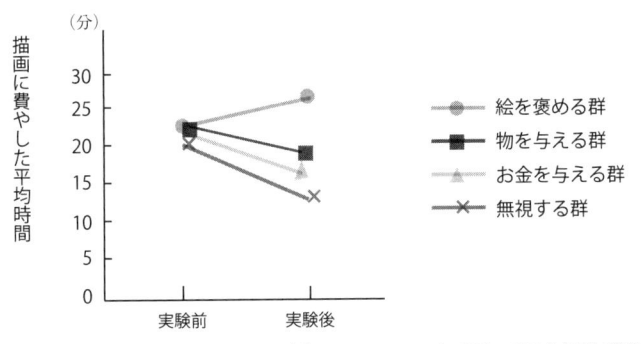

(分) 描画に費やした平均時間

- 絵を褒める群
- 物を与える群
- お金を与える群
- 無視する群

実験前　実験後

出典：Anderson et al., 1976 p.918 を参考に筆者作成

ング効果が生じていないことが見て取れる。この言語的報酬のように、自発的な行為に対する報酬が内発的動機づけを高めることを、エンハンシング効果と呼んでいる。また、この実験において着目すべきは、お絵描きを無視された場合に、最も内発的動機づけを低下させている点である。こうした無視による否定的な効果に比して、アンダーソンらの更なる実験の結果からは、お絵描きを「見守る」、つまり注意を向ける場合には、内発的動機づけが維持されることが示されている。したがって、その行動に注目するか否かは、内発的動機づけを保つか下げるかを大きく左右すると言えよう。

第4節　原因帰属

1　原因帰属の分類

たとえば、高校受験に失敗したとき、「どうして落ちたのか？」とその原因を考えることがあるだろう。そして、ある人は「自分の頭が悪かったから」とするかもしれないし、また別のある人は「たまたまだ」と思うか

表2●学習の正否の帰属の2次元的分類

統制の位置＼安定性	安定	不安定
内的統制	能力	努力
外的統制	課題の困難度	運

出典：Weiner et al., 1972 p.96を参考に作成

表3●統制可能性を加えた3次元の組み合わせによる原因帰属

	統制可能		統制不可能	
	安定	不安定	安定	不安定
内的	不断の努力	一時的な努力	能力	気分
外的	教師の偏見	他者からの日常的でない援助	課題の困難度	運

出典：Weiner, 1979 p.7を参考に筆者作成

もしれない。

　このように、ある出来事の成功や失敗の原因を探索し、何かに求めることを、原因帰属という。こうした原因帰属の考えを、教育場面に導入し、学習における動機づけに関して理論化したのがワイナー（Weiner, Bernard 1935-）である。ワイナーらによれば、学習の結果に関する原因帰属は、二つの次元から四つに区分することができるとされる（**表2**）。一つ目の次元は、原因の所在（内的―外的）であり、原因が自分の中にあるのか、外にあるのかという次元である。もう一つは、安定性（安定的―不安定的）であり、その原因が容易に変化しうるものか否かという次元である。たとえば、テストの点数が悪かった場合に、「自分の頭が悪かったから（能力）」と考えた場合は、原因は自分の中にあり、比較的に変化しにくいものに原因を求めていることになる。他方、「自分の頑張りが足りなかったから（努力）」と考えた場合は、原因は自分の中にあるが、比較的変化しやすいものに原因を求めていることとなる。

　後に、ワイナー（1979）は、この2次元に、統制可能性の次元（統制可

能―統制不可能）を加え、八つの原因帰属のパターンを示している（**表3**）。統制可能性とは、文字通り、その原因を自分でコントロールできるか否かという次元である。先ほどの四つの区分をさらに整理すると、努力のみは統制可能であり、能力・課題の困難度・運は統制不可能な次元に属する。

　これまでの研究から、学習の成否を努力に帰属させることが、より高い動機づけを生むことが明らかになっている。たとえば、テストの点が悪かったなどの失敗を能力に帰属すると、自分の力では変えることが難しいため、次のテストも良い点は取れないだろうと考えてしまい、動機づけは低下してしまう。しかし、努力に帰属すると、次は頑張ればよい結果が得られるという期待を持つことができるため、動機づけは高まると言える。

2　学習性無力感

　原因帰属と動機づけの低下については、異なる文脈から、セリグマン（Seligman, Martin　E.P.　1942-）が学習性無力感という現象を見いだしている。彼の行った実験では、イヌが、電気ショックから逃避・回避できない条件で電気ショックを受け続ける経験をするグループと、頭を動かして反応パネルを押すと電気ショックが止まる経験をするグループに分けられた（**図7**）。そして翌日、障壁を飛び越えればすぐに電気ショックを回避できる状況で、イヌが電気ショックにさらされると、どのような行動を取るのかを観察した。その結果、前日に自分で電気ショックを止める経験をしたイヌは、すぐに障壁を飛び越えて回避することを学ぶのに対して、電気ショックを止められない経験をしたイヌは、その場でうずくまり、電気ショックから逃れる行動を取らなかった。これは、前日の経験を通じて自分の行動と結果（ここでは電気ショック）が無関係であると学習することによって生じるとされる。

　この学習性無力感という現象は、自分で対処できない経験を繰り返すと、類似した状況で、反応を駆り立てるような動機づけが低下したり、たとえ反応を行ったとしても、その反応が有効であると学習・認知・確信が生まれにくくなったりする危険性を指し示している。これになぞらえると、学

図7●学習性無力感の実験状況

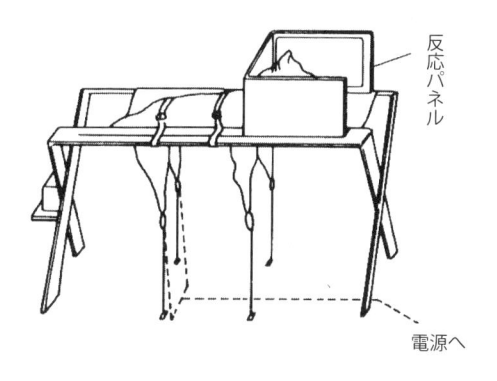

出典:『やさしい発達と学習』p.151

習に対して無気力感の強い子どもは、もともとやる気がなかったわけではなく、自分の反応、つまり学習上の努力に結果が伴わないような経験を重ねたためと考えることもできる。

3　学習性無力感への陥りやすさ

　セリグマンの実験に始まるこの学習性無力感の研究は、しだいに人間へと興味が移行していき、無気力感に個人差があることに大きな関心が寄せられた。エイブラムソンらは、解決困難な状況に陥っても、コントロールができないと認知することには個人差があり、その説明として、帰属過程を取り入れた改訂学習性無力感理論を提唱した（Abramson, 1978）。この理論では、原因帰属を、①統制の位置、②安定性、③全般性（特殊的―全般的）の3次元からとらえている。これは、ワイナーらの理論をベースとしており、新たに付け加えられた「全般性」は、どのような出来事にも共通するものか（全般的）、それともその出来事だけに限定されるのか（特殊的）を表している。原因帰属の仕方には個人差があり、これを帰属スタイル（説明スタイル）と呼ぶが、この帰属スタイルが、学習性無力感への陥りやすさを規定する素因の一つとみなされている。これまでにも、失敗の原因を、特に安定的で全般的な原因に帰属するほど学習性無力感が生じ

第5章●動機づけの理論　85

やすいことが指摘されてきている。

4　努力は実る？

　文化的な視点から考えると、日本においては努力を美徳とする風土があり、一般的には失敗の原因帰属を努力にしやすいとされている（**図8**）。

　しかし、それがすなわち動機づけの向上につながるわけではないことを、学習性無力感は教えてくれている。また、努力をしてもテストで失敗した場合、努力しないで失敗した場合よりも恥感情が強く、逆に努力しないで失敗した場合には、教師から罰が与えられることが推測されるという（Covington & Omelich, 1979）。つまり、失敗場面における努力は両刃の剣であると言えよう。

　したがって、「頑張れ」と過度に努力のみを強調するような支援が望ましくない場合もある。では、こうした難しさを克服するにはどうすべきか。その答えの一つとして考えられるのが、努力の仕方、つまり「学習方法」である。学習方法もまた努力と同様に、内的で、不安定、自分でもコントロールすることができる要因である。自らの学習が十分な結果をもたらさない場合、学習方法に原因帰属をし、改善を試みることが必要になると言

図8 ●母親評定による学業成績に影響する相対的重要性

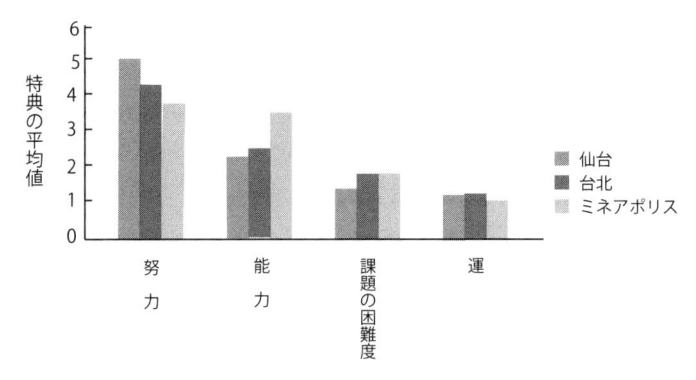

出典：Stevenson & Stigler, 1992, p.101を参考に筆者作成

える。失敗に対する努力への帰属が、不適切な努力の仕方の修正につながれば、最も動機づけを高めることができるだろう。

おわりに

学習者にとって重要なのは、動機づけ、特に自律的な動機づけを高めることである。これには、大きく三つの理由がある。学習行動が苦痛にならないこと、上達のための創意工夫が行われやすいこと、外部からの逐一の賞罰が不要であること、である。学習とは、単に目の前にある課題をこなせばよいのではなく、長い年月の中で積み重ねられていく性質のものである。また、年齢を重ねるごとに「学びたくないこと」が増えてくる。こうした中で、いかに自律的な動機づけを維持・向上させられるのかは、現在だけでなく未来の学習にも大きな影響を及ぼす点で重要である。

【文献一覧】

櫻井茂男『自ら学ぶ意欲の心理学:キャリア発達の視点を加えて』有斐閣、2009年

外山紀子・外山美樹『やさしい発達と学習』(有斐閣アルマ) 有斐閣、2010年

Abramson, L.Y., Seligman, M. E. P. & Teasdale, J. D.," Learned helplessness in humans: Critique and reformulation.," *Journal of Abnormal Psychology* , 87, 1978, pp.49-74

Anderson, R., Manoogian, S.T. & Reznick, J.S.,"The undermining and enhancing of intrinsic motivation in preschool children," *Journal of Personality and Social Psychology*, 34, 1976, pp.915-922

Covington, M.V. & Omelich, C.L., "Effort: The double-edged sword in school achievement," *Journal of Educational Psychology*, 71, 1979, pp.169-182

Greene, D. & Lepper, M. R.,"Intrinsic motivation: How to turn play into work," *Psychology Today*, 1974, pp.49-54

Lepper, M.R., Greene, D. & Nisbett, R. E.," Undermining children's intrinsic interest with extrinsic rewards: A test of the 'overjustification' hypothesis," *Journal of Personality and Social Psychology*, 28, 1973, pp.129-137

Maslow, A. H.,"A theory of human motivation," *Psychological Review*, 50, 1943, pp.370-396

Ryan, R. M. & Deci, E. L.," Self-determination theory and the facilitation of intrinsic motivation, social development, and well-being," *American Psychologist*, 55, 2000, pp.68-78

Stevenson, H.W. & Stigler, J.W.,*The learning gap: Why our schools are failing and what we can learn from Japanese and Chinese education,* Simon & Schuster paperbacks, 1992

Weiner, B., "A theory of motivation for some classroom experiences," *Journal of Educational Psychology*, 71, 1979, pp.3-25

Weiner, B., Frieze, I., Kukla, A., Reed, L., Rest, S. & Rosenbaum, R. M., "Perceiving the causes of success and failure", In Jones, E.E., Kanouse, D.E., Kelley, H.H., Nisbett, R.E. , Valins, S. & Weiner, B.(Eds.), *Attribution: Perceiving the causes of behavior,* General Learning Press, 1972, pp.95-120

第6章 知能と学力

松田侑子

はじめに

私たちは普ふだん「頭がいい」という言葉を使うことがよくある。そのときにイメージしている「頭の良さ」にはどのような意味がこめられているのだろうか。これまで、心理学においては、知的能力について古くから関心が寄せられ、多くの理論が提出されてきた。

第1節　知能測定の歴史

1　「知能」の定義

「頭の良さ」を定義することは難しい。**表1**を見れば、立場によって実に多様な知能観があることが分かるだろう。

2　知能検査の開発

1904（明治37）年、ビネー（Binet, Alfred　1857-1911）はパリの教育当局から、教育上特別な支援を要する子どもたちを識別するための方法の考案を依頼された。彼は協力者のシモン（Simon, Théodore　1872-1961）と共に、1年かけて、史上初の知能検査となるビネー＝シモン式知能検査を開発した。この知能検査の内容としては、理解、判断、推理、順応などの高等な精神機能を示すと思われる、子どもが日常に出会う課題状況を収集し、これらを難易度により順位づけて構成されている（**表2**）。

これを、子どもたちがどこまで正答できるかによって、その子どもの知的水準を精神年齢で表した。この精神年齢は、知能を数的な尺度で表そうとした点で非常に画期的であった。その後改訂された1911（明治44）年のビネー式知能検査を、1916（大正5）年にアメリカで標準化したのがスタンフォード大学のターマンであり、これはスタンフォード・ビネー知能検査と呼ばれている。

表1●知能の諸定義

抽象的思考能力
 主な定義者：ターマン（Terman, L. M.）「抽象的な思考を行いうる程度」
 特徴：知能を高次な精神能力とみなす
 問題点：幼児などの場合を考えにくい

学習能力
 主な定義者：ディアボーン（Dearborn, W. E.）「学習する能力、または経験によって獲得していく能力」
 特徴：教育的観点から実際に定義
 問題点：学習の概念の規定がない

適応能力
 主な定義者：シュテルン（Stem, W.）「生活の新しい課題や条件に対する一般的順能力」
 特徴：新しい課題に対する一般的適応性
 問題点：情緒的に要因を含むことになる

包括的・総合的能力
 主な定義者：ウェクスラ―（Wechsler, D.）「知能とは、目的的に行動し、合理的に思考し、自己の環境を能率的に処理しうる総合的・全体的能力」
 特徴：目的性・全体性を重視している
 問題点：あいまいである

知能検査によって測定されたもの
 主な定義者：ボーリング（Boring, E. G.）
 特徴：実用的
 問題点：知能理論の発展に貢献が少ない

出典：『心理学への招待』p.112 を参考に筆者作成

表2●ビネー＝シモン式知能検査項目例（1911年版）

年齢級	課題例
6歳	午前と午後の区別 ひし形の模写
8歳	20から0まで数える 絵の欠けている部分の指摘
10歳	五つのものを重さ順に並べる 記憶を基にして図形を描く
12歳	3語を一つの文章に用いる 3分間に60語以上を言う

出典：『知能の発達と評価』pp.342-343 を参考に筆者作成

3　知能指数の導入

　スタンフォード・ビネー知能検査は、ビネー式知能検査の典型的なものとして各国でも輸入され、フランスにも逆輸入された。日本においては、1925（大正14）年に鈴木治太郎（1875-1966）が、1916年版を日本人用に標準化した鈴木ビネー式知能検査と、1947（昭和22）年に田中寛一（1882-1962）が、1938年版を日本人用に標準化した田中ビネー式知能検査がある。鈴木ビネーは60年ぶりとなる2007年に改訂が行われ、田中ビネーにおいては、定期的な改訂が行われ、2003年に田中ビネー知能検査Ⅴが発表されている。

　このスタンフォード・ビネー知能検査において新たに導入されたのが、知能指数（IQ）である。精神年齢の問題点は、精神年齢が8歳であっても実年齢が6歳の場合と10歳の場合では、その意味が異なることであった。これを補うために用いられたのが、ドイツのシュテルン（Stern, Wilhelm 1871-1938）が考案した知能指数である。知能指数は以下のような公式で求められた。

　IQ=精神年齢/実年齢×100

4　ウェクスラー式知能検査

　知能検査の歴史はビネー式の開発によって幕を開けたが、個別式知能検査の代表的なものとして、もう一つ、ウェクスラー式知能検査がある。これは、ニューヨークのベルビュー病院で勤務していたウェクスラー（Wechsler, David　1896-1981）が、臨床的な観点から知能を診断するため、1939年に開発したものである。最新のものとしては、年齢段階に応じて、4～7歳用のWPPSI、5歳から16歳用のWISC-Ⅳ、16歳から成人用のWAIS-Ⅲが作成されている。

　ビネー式では知能検査の結果がIQで表されたが、被検査者が同じ年齢集団内で、どのくらいの位置にいるのかなどは分からなかった。そこで、ウェクスラー式では、テストを受けた人と同じ年齢集団の標準を元にして、平均値を100、標準偏差を15とする偏差IQを使用している。

偏差IQ＝（検査得点－属する年齢集団の予測される平均得点）／属する年齢集団の検査得点の標準偏差×15＋100

ウェクスラー式とは多少異なるが、現在では、ビネー式でも偏差IQを使用している。

5　ウェクスラー式知能検査の有用性

ウェクスラー式の大きな特徴は、検査の構成の仕方にある。**表3**を見てほしい。

ウェクスラーは、知能を単一の能力ではなく、いくつかの異なる能力の総体とみなしていたため、検査内容はそれぞれ異なる能力を測定するための複数の下位検査から構成されている。また、これらは大きく分けると、言語性と動作性の検査に区分され、結果は全検査IQの他に、検査ごとに言語性IQ・動作性IQが算出されることになる。言語性検査は、文字や言語を使用し、言語による応答が求められる検査である。これに対して、動作性検査とは、積み木、図版、記号などを用いて、簡単な手の操作で回答させる検査である。特に動作性検査の大幅な採用は、ビネー式との大きな違いと言えよう。こうした、さまざまな能力を分析的にとらえることができることから、臨床場面、たとえば発達障害などの診断に用いられることが多い。

表3●WAIS-ⅢにおけるIQ算出に関連する下位検査

言語性検査	動作性検査
単語	絵画完成
類似	符号
算数	積み木模様
数唱	行列推理
知識	絵画配列
理解	記号探し
語音整列	組み合わせ

出典：『WAIS-Ⅲ成人知能検査法』p.4を参考に筆者作成

第2節 知能の理論

　心理学における知能の見方は、主に二つに区分できる。すなわち、どんな課題をやろうと、その結果に必ず反映される一つの知能があるという考え方（二因子説）と、知能は複数の基本的能力に分類できるという考え方（多因子説）である。ここでは、主な知能の理論を概観していこう。

1　スピアマンの二因子説とサーストンの多因子説

　知能に関する理論は、知能検査の開発、因子分析とともに発展してきたと言える。因子分析とは、いくつかの検査の間（たとえば英語の長文読解と国語の説明文読み取り）で高い関連が認められた場合、それらには共通の能力（因子）が作用しているとして、互いに関連のあるものをまとめ、最小数の因子に整理する統計手法である。知能検査で得られた結果に基づいて因子分析を行い、知能の構造を構築し、理論を提唱してきたのである。ビネーとほぼ同時期に、イギリスのスピアマン（Spearman, Charles Edward 1863-1945）が、知能は一般因子（g）と特殊因子（s）から成るとする二因子説を提唱した（図1）。

　一般因子とは、認知的な処理が必要なあらゆる場面、たとえば文章を理解する、記憶する、計算するなどにおいて、共通して作用する能力のことである。他方、特殊因子は各課題に個別に働く能力を表しており、たとえば、文章の理解において使われる特殊因子と、計算するときに使われる特殊因子は独立している。

　これに対してサーストン（Thurstone, Louis Leon　1887-1955）は、全ての能力に共通して働く一般因子を否定し、知能は若干個の基本的な知能因子から成るとする多因子説を提唱した。サーストンは大規模な調査を通じて、知能が七つの基本的精神能力から構成されることを見いだしている（図2）。現在用いられている診断性知能検査は、多因子説に立脚して作成されている。

図1●スピアマンの二因子説

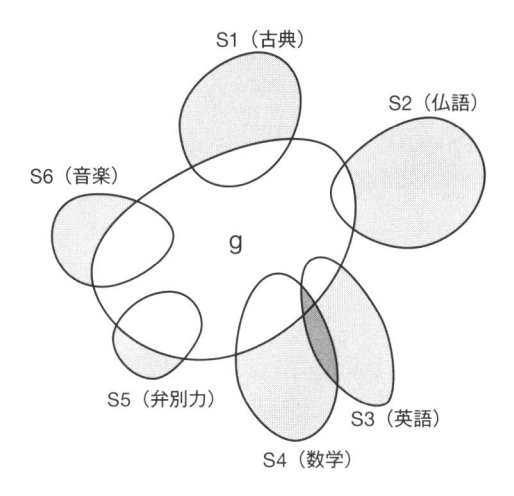

S1（古典）
S2（仏語）
S6（音楽）
g
S5（弁別力）
S3（英語）
S4（数学）

出典：(Spearman, 1927) を参考に筆者作成

図2●サーストンの多因子説

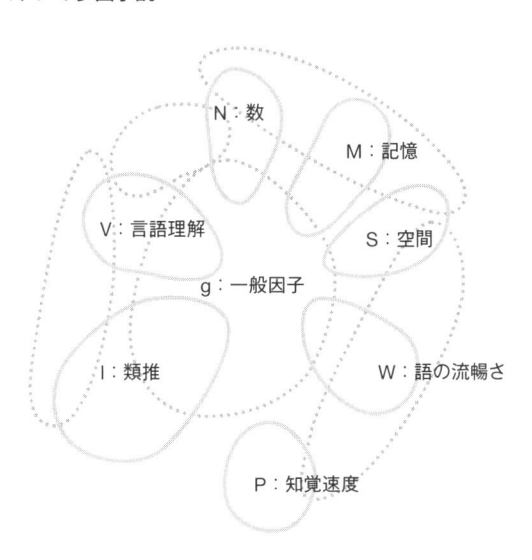

N：数
M：記憶
V：言語理解
S：空間
g：一般因子
I：類推
W：語の流暢さ
P：知覚速度

出典：(Thurstone & Thurstone, 1941) を参考に筆者作成

第6章●知能と学力

図3●流動性知能、結晶性知能および一般知能の加齢変化

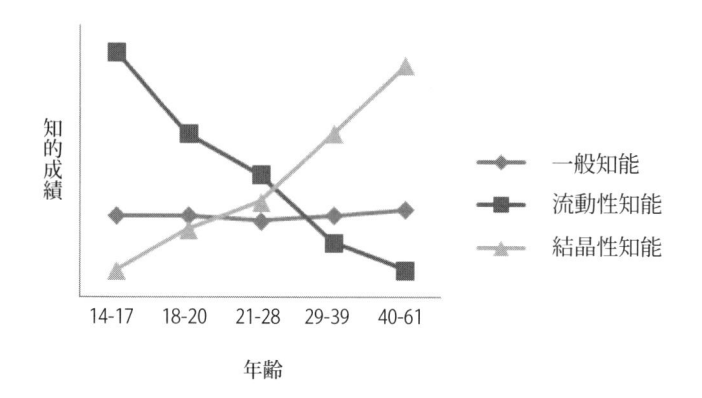

出典：(Horn, 1970) p.463 を参考に筆者作成

2　流動性知能と結晶性知能

　また、このサーストンの考えに賛同しながらも、キャッテル（Cattell, Raymond　1905-1998）は、多因子から構成される知能構造は、さらに流動性知能と結晶性知能という二つの共通因子にまとめられるとした。流動性知能とは、新しい場面に適応する場合に働く能力であり、記憶に要するスピードや記憶容量、図形やシンボル操作の速さなどに関係している。いわゆる頭の回転の速さを言う。これに対して、結晶性知能は、言語能力や知識などの関係する知能を指す。前者は成人以降に減退するとされるが、後者は教育や文化に影響を受け、年齢を重ねても衰えないと考えられている（図3）。

3　ギルフォードの知性の構造モデル

　しかし、情報処理の考えが心理学の中に浸透してくると、サーストンの知能因子の中には、言語や数のように処理する情報内容に関するものと、知覚や推理のように情報に対して加えられる操作に関するものが混在して

図4●ギルフォードの知性の構造モデル

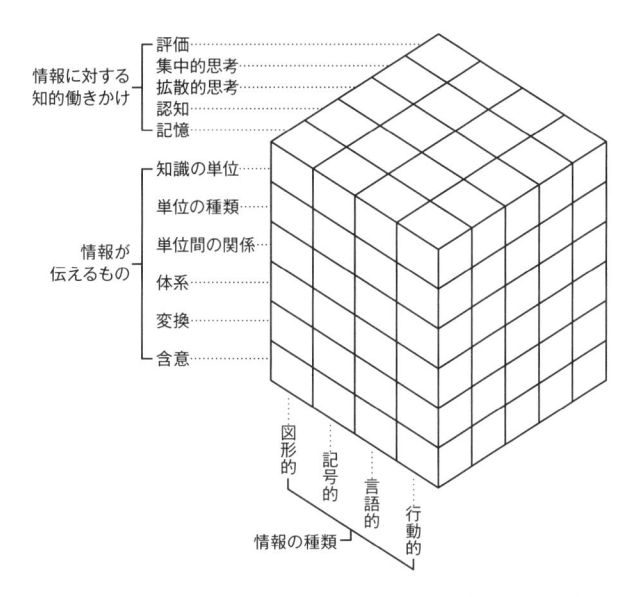

情報に対する知的働きかけ
- 評価
- 集中的思考
- 拡散的思考
- 認知
- 記憶

情報が伝えるもの
- 知識の単位
- 単位の種類
- 単位間の関係
- 体系
- 変換
- 含意

情報の種類
- 図形的
- 記号的
- 言語的
- 行動的

出典：(Guilford, 1967) を参考に筆者作成

いることが問題となった。これを踏まえ、ギルフォード（Guilford, Joy Paul 1897-1983）は、知能の構造を、操作（情報に加える知的な働き）、所産（結果として出されたもの）、内容（情報の種類）の3次元でとらえ、操作を五つ、所産を六つ、内容を四つの水準に分けている。つまり、これらの組み合わせから、5×6×4の計120の因子から知能は構成されているとする（**図4**）。特に、操作の次元において、拡散的思考と収束的思考が区別されている点は重要である。収束的思考とは、論理的に唯一の適切な回答や解決を導き出すような思考を指し、知能検査や学力検査などの問題解決に必要とされる。これに対して、拡散的思考とは、条件に当てはまる回答・解決をできるだけ多く導き出す思考を指し、いわゆる創造性と大きく関連しているとされる。

第3節 最近の知能理論

1 ガードナーの多重知能理論

比較的新しい知能理論の代表的なものの一つが、ガードナー（Gardner, Howard 1943-）の多重知能理論である。ここでは、知能は八つの独立した能力によって構成されているとする（**表4**）。

この理論の興味深い点は、従来扱われてこなかった能力も知能に含めたことである。たとえば、対人的知能や内省的知能のような他者や自己の理解に関する能力、また、音楽やスポーツなどの芸術・表現領域に関する能力がこれに当たる。特に、対人的知能や内省的知能は、近年社会的にも話題となった「情動知能（EQ）」の基本となる能力と考えられている。ガードナーの理論に関しては実証的でないという指摘もあるが（『知能』）、知能研究に新たな風を吹き込んだ点は看過できない。また、この理論は、個人によって必要な知能の領域は異なるという点を強調しており、「人はそれぞれに優れた点を持ち合わせている」という教育理念に通ずることから、教育関係者からの評価も高い（「学力モデルとカリキュラム開発」）。

2 スタンバーグの知能の三頭理論

ガードナーの多重知能理論と時を同じくして、スタンバーグ（Sternberg, Robert Jeffrey 1949-）により提唱された理論である。「三頭」とは、古代ローマで3人の有力な政治家によって行われていた三頭政治に由来している。ここでは、知能は、分析的能力（コンポーネント理論）、創造的能力（経験理論）、実用的能力（文脈理論）の三つの側面が互いに影響し合っていると考えられている（**表5**）。

スタンバーグによると、一般知能、すなわちg因子の考え方は、ほとんど全ての人に何か得意なことがある反面、苦手なこともあるということを考慮していないとされる。スタンバーグが掲げた三つの能力間の関連は中

表4●多重知能理論における八つの知能

知能	内容	この知能をよく用いる人の例
言語的	話し言葉と書き言葉への感受性、言語を学ぶ能力。ある目標を成就するために言語を用いる能力。	弁護人、詩人
論理数学的	問題を論理的に分析したり、数学的な操作を実行したり、問題を科学的に究明する能力	数学者、科学者
音楽的	リズム、音階、音質を評価し、作り出す能力。音楽的表現を評価する能力。	作曲家、音楽批評家
身体運動的	問題を解決したり、何かを作り出すために、体全体や身体的部位をコントロールする能力。	ダンサー、スポーツ選手
空間的	視覚的・空間的世界を認識する能力。	建築家、パイロット
対人的	他人の意図や動機づけ、欲求を理解して、その結果他者とうまくやっていく能力	セラピスト、販売員
内省的	自分の気持ちを理解し、行動する能力。自分自身の強み・弱み、願望などを理解する能力。	俳優、作家
博物学的	自然界の様式に注目し、理解する能力。	地質学者、探検家

出典:『教育心理学』p.46 を参考に筆者作成

表5●三頭理論における三つの能力

\multicolumn{3}{c}{知能の基礎となる情報処理システム}
分析的能力	メタ成分	問題解決を効率的に実行する成分
	実行成分	問題解決に固有の成分
	知識獲得成分	問題解決に必要な知識を学習したり獲得したりする成分
\multicolumn{3}{c}{新しい仕事をどれだけ効率的に遂行できるかを示す能力}
創造的能力	新しさを処理する能力	新しい事態において、学習し、考える能力
	情報処理を自動化する能力	何度も遭遇する事態に対して、ルーチン化、あるいは自動化する能力
\multicolumn{3}{c}{自分の生活に関連した現実世界から選択・形成・適応する能力}
実用的能力	適応	周りの特定の文化に適応する技術
	選択	自分の才能や興味に合う環境を選択する能力
	形成	選んだ環境が自分の能力に十分適応しない場合でも、その環境を自分に適合させる能力

出典:『IQってホントは何なんだ?』pp.84-86を参考に筆者作成

程度であり、分析的思考、創造的思考、実用的な思考のいずれを得意とするのかは個人によって異なる。これを踏まえ、三つの能力のうち、たけている能力についてはさらに伸ばすこと、得意としていない能力についても補う必要があること、これら三つの能力が互いに結び付き合うことが重要であると指摘されている(『アメリカの心理学者心理学教育を語る』)。

第4節 知能と学力の関係

1 学力を予測する要因

すでに述べたように、知能検査は、もともとビネーが、教育において特別な支援を必要とする児童を見つけるために開発されたことに始まる。つまり、これは、知能は学業成績を予測することが可能であると考えられてきたことを意味していよう。実際に、知能と学力の間には比較的高い関連(相関係数で0.5程度)があるとされている(Neisser et al., 1996)。しかし、視点を変えれば、これは、学力を説明する要因は知能だけではないという事実も示している。

2 アンダーアチーバー

たとえば、知能水準から予想される学業成績に比べて、実際の学業成績が著しく劣る学習者はアンダーアチーバーと呼ばれている。アンダーアチーバーの子どもにおいては、自らの知的能力を十分に発揮するうえで何かしらの阻害要因があることが予想される。たとえば、視力低下や難聴などの身体上の問題、やる気の低下や不安が強いなどの意欲・情緒に関する問題、対人関係上の問題や家庭状況などの環境的な問題が挙げられる。特に近年は、注意欠陥多動性障害や学習障害といった発達障害を抱える子どもたちの存在が、教育現場では注目されている。たとえば、彼らの中には、ウェクスラー式知能検査でいうところの、言語性検査や動作性検査の間や、

下位検査間の成績に差が生じる者が多いとされている。つまり、言語の理解が苦手、記憶が苦手であるなどの、特定の能力における不得意が顕著であるということである。彼らは全体として著しい知的な遅れはないが、結果として学習において困難に陥る傾向が高く、対人場面においても問題を生じやすい。したがって、さまざまな観点から阻害要因を吟味し、円滑に子どもの学びを促進できるよう、学習者に見合った支援が必要とされる。

おわりに

知能検査やIQは、直感的に「頭の良さ」を教えてくれるような錯覚を抱かせる。しかし、これまでに見てきたように、「知能」のとらえ方は実に多様であるし、日常の文脈から切り離された状況で受けた知能検査の結果は、私たちの知的能力のあくまで一側面をとらえているにすぎない。その一方で、教育上重要な情報を与えてくれることもまた事実である。要は、学習者において教育上の利益に資するよう、いかにその結果を使うかということを常に意識する必要がある。

【文献一覧】

伊藤隆二編『心理学への招待』八千代出版、1987年

ウェクスラー, D.（日本版WAIS-III刊行委員会訳編著）『WAIS-III成人知能検査法：日本版 実施・採点マニュアル 〜 理論マニュアル』日本文化科学社、2006年

鹿毛雅治編『教育心理学』（朝倉心理学講座8）朝倉書店、2006年

スタンバーグ, R. J. 編著（宮元博章・道田泰司訳）『アメリカの心理学者心理学教育を語る：授業実践と教科書執筆のためのTIPS』北大路書房、2000年

田中統治「学力モデルとカリキュラム開発」論文編集委員会編『学力の総合的研究：高浦勝義研究部長還暦記念論文集』黎明書房、2005年、pp.32-43

ディアリ, J. D.（繁枡算男訳）『知能』(1冊でわかる) 岩波書店、2004年

ビネー, A.・シモン, T.（中野善達・大沢正子訳）『知能の発達と評価：知能検査の誕生』福村出版、1982年

村上宣寛『IQってホントは何なんだ？：知能をめぐる神話と真実』日経BP社、2007年

Guilford, J. P., *The nature of human intelligence,* McGraw-Hill, 1967

Horn, J.L.,"Organization of data on life-span development of human abilities," In Goulet, L.R. & Baltes,P.B.（Eds.）, *Life-span developmental psychology: Research and theory*, New York: Academic Press, 1970, pp.423-466

Neisser, U. et al.,"Intelligence; Knowns and unknowns,"*American Psychologist*, 51, 1996, pp.71-101

Spearman, C. *The abilities of man: Their mature and measurement,* Macmillan, 1927

Thurstone, L.L. & Thurstone, T.G., *Factorial studies of intelligence,* Cambridge University Press, 1941

第7章 教育の評価

川原誠司

はじめに

「生徒のよい点や進歩の状況などを積極的に評価するとともに、指導の過程や成果を評価し、指導の改善を行い学習意欲の向上に生かすようにすること」——これは現行の中学校学習指導要領（2008年度告示、2012年度全面実施）にある文言である。子どもの学習という面において、評価が欠かせないものであることが分かる。この本の読者も学校生活の中で、学習場面に限らずなにかにつけ評価されてきた（正当に評価されなかった）経験はあるだろう。学習成績の評価のみならず、教師や親などの大人からの行動や態度の評価、友達からの人柄の評価など、評価は人の生活の中から外せない。

本章では教育評価という内容を取り上げ、主に学校での、主に学習での子どもたちの様子を教師がどのように認め、査定するかという構図を前提に話を進める。しかし、評価の問題は学校の中だけでなく、恐らく老若男女を問わず生活のあらゆる場所で起きていることも忘れてはならない。

第1節　教育場面において評価することの意味

教育評価は何のために行うのか。評価される子ども（特に、良い評価をもらえないことが想定される子ども）から見たら、何でこんなことをするのかと思いたくなるものでもある。逆に、ふだんの学習の中で意欲的に取り組んでいる子どもから見たら、自分と熱心にやっていない人とが同じ評価をされたとしたら納得いかないであろう。評価には、以下のような意味がある。

1　次へ向けての指針・適切な働きかけ・激励

テストなどで点数や成績がつくと、その結果を見たときに強い感情が湧いてそれで終わり、ということがありえる。しかし、評価というのは、本

来なら「次に向けて」どのようなことに留意すればよいかを伝えるものである。

今回十分満足する基準に達したか、到達度に差はなかったか（苦手なところはなかったか）、今回うまくいかなかったのはどこに問題があったか、などを子どもが振り返り、後の学習の改善に生かすことが大事である。

このことは同時に、評価する教師が自分の教育方法を吟味することでもある。評価する側もそのような意識を持ち、改善していくことで、評価される子どもたちに「次はお互いにうまくやっていこう」という激励の意味を与えうる。

2　客観的な情報

評価は個人に還元されるものであるが、同時に他にも評価対象がいる場合に、他はどうであったか、他と比べて自分自身がどうであったかということを把握することができる。それによって、現実的な目安を踏まえて改善の程度を考えることができる。

複数の情報は、評価する側にも貴重なものとなる。テストでの個々の問題の難易や子どもの解答状況を丁寧に分析するものとして、S－P表（SはStudent、PはProblemを表す）というものが考案された（『S-P表の作成と解釈』）。**表1**がその例で、子ども個々の正解数順で並べ替え（各問題項目の正解者数の多寡でもほぼ並ぶ）、各生徒の正解数で線を引き（S曲線）、各問題項目の正解者数で線を引く（P曲線）。S曲線の左右とP曲線の上下での正答―誤答のあり方のずれを検討して、定着度の弱い生徒などへの働きかけを考えるものである。

3　教師と生徒の関係づくり

評価を丁寧に行える教師は、授業を工夫し、子どもの取り組みを確認し、必要に応じてテストで定着度を見るといった綿密さがあると想像できる。そのような教育方法は非常に系統立っており、学びのあり方が評価にも反映しやすいので、子どもからも筋の通った授業として認知されやすいと思

表1 ●S−P表

項目 生徒	2	3	13	10	1	6	4	11	12	5	8	7	15	14	9	合計点
1	1	1	1	1	1	1	1	1	1	1	1	1	1	1	1	15
20	1	1	1	1	1	1	1	1	1	1	1	1	1	1	0	14
22	1	1	1	1	1	1	1	1	1	1	1	1	1	1	0	14
9	1	1	1	1	1	1	1	1	1	1	1	1	1	0	0	13
24	1	1	1	1	1	1	1	1	1	0	1	1	1	1	0	13
12	1	1	1	1	1	1	1	1	0	1	1	1	1	1	0	13
19	1	1	1	1	1	1	1	1	1	1	0	1	1	0	1	13
8	1	1	1	1	1	1	1	1	1	1	1	1	0	0	0	12
3	1	1	1	1	1	1	1	1	1	1	1	0	1	0	1	12
14	1	1	1	1	1	1	1	1	1	0	1	1	1	0	0	12
7	1	1	1	1	1	1	1	1	0	1	1	1	1	0	0	12
25	1	1	1	1	1	0	1	1	1	1	1	1	0	1	0	12
16	1	1	1	1	1	1	1	1	1	1	1	0	0	0	1	12
21	1	1	1	1	1	1	1	1	1	1	0	0	1	0	0	11
2	1	1	1	1	1	0	1	1	1	1	1	1	0	1	0	11
17	1	1	1	1	1	0	1	1	1	1	1	1	1	0	0	11
23	1	1	1	0	1	1	1	1	1	1	0	1	0	1	1	11
10	1	1	1	1	1	1	1	0	1	1	1	0	0	0	1	11
6	1	1	1	1	1	1	1	1	0	1	0	0	0	1	0	10
5	1	1	1	1	1	1	1	1	0	0	1	0	0	1	0	10
4	1	1	1	1	1	1	0	0	1	0	1	0	1	1	0	10
13	1	1	1	1	0	1	0	0	1	1	1	1	0	0	0	9
18	1	1	1	1	1	1	1	0	1	0	0	0	0	1	0	8
11	1	1	1	1	0	0	1	0	1	0	0	0	1	0	0	7
15	1	1	1	0	0	0	0	1	0	0	1	1	0	0	0	6
正答者数	25	25	25	23	22	21	21	20	20	19	18	15	14	10	3	

　図中の実線がS曲線（その生徒が何問できたかというところに左から数えて区切る）、破線がP曲線（その問題に何人の生徒が答えられたかというところに上から数えて区切る）。たとえば、生徒8は難易度の低い問題から順序よく解けているため、指導のポイントが分かりやすいが、生徒4は難易度の高い問題が解けている一方で、難易度の低い問題が解けていないところがあり、注意が必要である。

出典：「教育評価の方法」

われる。

　そのことを通して、子どもは教師のあり方を良いものとして認めていきやすくなるだろう。教師の魅力はさまざまなところにあるが、教育者として存在する以上、まずもって授業とそれにまつわる正当な評価を成立させることが、信頼できる関係への大きな一歩だと思われる。

4　教育する側の責任感の涵養

　のべつまくなしに良い評価をばらまくような教師が、はたして信用されるかということを考えてみるとよい。「完全に正しく」評価することは不可能なことかもしれない。それでも責任感ある教員はできるだけ厳正に、的確に評価したいと考える。そのために、何を評価するか、どのような機会に評価するか、どのようなものを用いて評価するか、といったことを慎重に練って用意する。

　教師の側の自己意識を通してだけでなく、近年は学ぶ側が教師を評価するということも多くなった。大学などで教員の授業に関するアンケート調査を実施するのは、その一つの表れであろう。

第2節　どのタイミングで評価するのか

　評価をいつ行うかということは、評価の目的によって異なるものであるし、子どもへのメッセージとしても多少異なる。「マスタリー・ラーニング」という学習形態を考慮したブルーム（Bloom, Benjamin S.　1913-1999）は、次の三つの教育評価機能を提唱している（Bloom, 1956）。

1　診断的評価

　教授過程の最初に行う評価を診断的評価という。その人の現在の状態を把握したうえで、どのような教育的働きかけを始めればよいかを考えるものである。たとえば、次のようなことが該当すると考えられる。

- 前の学校種や前学年の状況を把握し、今年度の教育へ活用する。
- 年度始めに習熟度別学級編制をするときの基礎資料を得る。
- 個々の現状を把握し、必要な働きかけの多寡や種類を確認する。

2　形成的評価

　教授過程の途中に行っていく評価を形成的評価という。教授したことで子どもたちがどの程度内容を把握しているのか、現在進行中の授業での今後の改善箇所はないか、といったことを考えるものである。たとえば、次のようなことが該当すると考えられる。

- 行っている授業の難度が適切か、確認テストで全体の成績を見る。
- 前回教えた知識がどの程度定着しているかを復習テストで見る。
- 苦手意識の強い子どもに把握テストをして補習内容を考える。

3　総括的評価

　教授過程の最後、教育課程の最後に行うものが総括的評価である。その単元についてどこまで学べたか、どの程度の力がついたか、次の教育段階に進むにふさわしいか、といったことを考えるものである。たとえば、次のような状況である。

- 最終的な合格—不合格を判定するテスト（免許や資格試験など）。
- 学期末試験（点数が不十分なら「不合格」「不可」などの認定）。
- 入試の実質的な意味合い（理念的には次の教育段階の診断的評価とも言えるが、現実には、どれまでの学びがどの程度までできるかを調べている）。

第3節　どのように評価するのか

　子どもに対してどのような観点や方法での評価を行うか。評価の提示の仕方もいろいろ考えられている。

1　絶対評価と相対評価

　絶対評価とはある基準を設け、個々がその基準に到達したかどうかで評価する。大学の成績において、8割以上の得点取得を目安に「優」や「A」という評定を与えるといったことである。皆が学習を熱心に行えば、全員が「優」の評価に相当することも理論上はあり得る。

　一方で、相対評価とはその集団の中でどの程度の位置にいるのかを考えたものである。集団の中で必ず差異があり、一定割合に良い評価をすると同時に、一定割合にはそれよりも低い評価を配当するという場合である。前述の絶対評価のところで「優」の基準を説明したが、良い評価を安易に

図1●相対評価における5段階評定や偏差値の意味

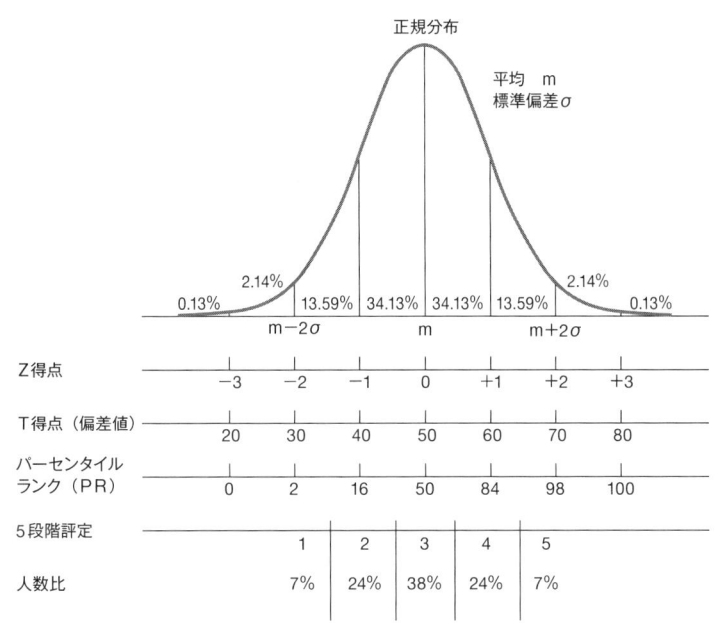

	$m-2\sigma$		m		$m+2\sigma$	
正規分布 (平均 m、標準偏差 σ)	0.13%	2.14%	13.59%	34.13%	34.13%	13.59%	2.14%	0.13%
Z得点	−3	−2	−1	0	+1	+2	+3
T得点（偏差値）	20	30	40	50	60	70	80
パーセンタイルランク（PR）	0	2	16	50	84	98	100
5段階評定		1	2	3	4	5	
人数比		7%	24%	38%	24%	7%	

（注）　5段階評定は「人数比」に書かれている割合に基づいて、集団の中から該当人数を算出する。

出典：「教育心理学の研究法」

乱発してしまわないように、大学や学部によっては「優」の認定は「全体の〇割まで」という一定割合の基準を示している場合もある。図1に示したような「5段階評定」「偏差値」といった区分は、個人差が生じるという統計的なデータ分布の性質を生かしたものである。

絶対評価を実施する場合には、基準の明瞭さや妥当さが求められる。つまり、基準に到達しているか否かが一握りの人にしか分からなかったり、多くの人が疑問を感じたりするような基準は、透明性や妥当性を欠いていることになりやすい。一方で相対評価を実施する場合には、集団内の差異性と同様、集団間のある程度の均質性があるかを考慮しなければならない。たとえば、ある内容に非常に熟達している集団とそれほど理解していない集団とを別クラスにして、各々のクラスに同じ内容のテストをして、それぞれのクラスごとに3割が最上位評価、4割が中程度評価…などと決めたら、問題が生じることは想像できよう。集団があまりにも違うからである。

2　個人内での評価と個人間での評価

「良い」という状態について何と比べるかというときに、まず一つは過去の自分と比べる場合がある。個人内での時系列的な評価というのは、進歩を見るときには有効な指標となろう。

個人内の進歩を見るのとは対照的に、個人間の差異を見る方法もあるだろう。これは前述の相対評価とつながるが、他者と比べてどの部分が良くて、どの部分に課題があるかの指標になる。

3　全体的な簡潔な評価と観点別の詳細な評価

評価をするときに、5段階での「4」や「2」や大学での「優」や「可」といったように、全体的な到達度が簡潔に数字や言葉で示される場合は多い。自分がどの程度できていたかを簡潔明瞭な情報で把握できることは、状況を迅速に容易に理解しやすい。

対照的に、一つ一つの学習ポイントや観点について、詳細に示したものもある。学校の通知表で「関心」や「意欲」といった観点で評価がなされ

ていることがある。学習指導要領においては教科ごとに詳細な評価観点を示しており、それを基に学校でも評価することになる。

　通知表の実物はなかなか目にしにくいものであるが、「校務情報化支援検討会」という団体が「通知表コンテスト」というものを行っており、入賞した学校の通知表の形式が公開されている（http://www.koumu-shien.jp/contest_result.html）。これらを見ると、子どもの学習活動のあらゆる面を考慮して評価しようとする学校の努力や工夫が伝わってくる。

第4節　評価の現代的発展

　評価はいつの時代も同一ではなく、さまざまな発展を遂げているものでもある。近年どのような評価方法が検討されているのか、いくつか紹介する。

1　ポートフォリオ評価

　ポートフォリオとは「子どもの作品、自己評価の記録、教師の指導と評価の記録などを、系統的に蓄積していくもの」（『教科と総合に活かすポートフォリオ評価法』）とされる。このような日常の授業活動での蓄積物を通して、子どもが自己評価を行えるように支援する方法である。教師から一方的に与えられる評価ではなく、自分が学習したことを形として残ったものを通して認識させ、学習者としての自分のあり方を見つめ直し、必要な自己改善を図るものとされる。

　ポートフォリオという用語が出てくる以前でも、自分の考えを加えてまとめた授業ノート、課題プリント、提出物に対する教師のコメント、テストの成績といったものを保管し、自分の学び方に自然と生かしていた子どももはいただろう。そのような保管の意識を持たせる指導をした教師はいただろう。ポートフォリオとはもともと「紙ばさみ」とか「財産目録」という意味であるが、自分が学んだことを大事な財産としてしっかり綴っていて、自分の足跡を確認しながら自己修正する。その行為を一言で言い表し

たものである。

　現在ではポートフォリオ評価の実践例も著されており（『一枚ポートフォリオ評価』）、どのように足跡を残すか、どのように振り返るかを工夫する動きは多くなっている。またこれら振り返りの記録を電子化する電子ポートフォリオも開発されている（『デジタルポートフォリオ学習と評価』）。

2　パフォーマンス評価

　パフォーマンス評価とは、その人の持つ力を実際に見える形で確認することである。その可視化される力として考慮されるのは、通常のテストで測定しやすい知識量といったものではなく、思考の過程や思考の質、思考の表現のような側面である。「パフォーマンスの質を数値化することより、学習指導や学習活動に生かせるように、子どもたちの学力の状態を把握することが、第一の目的」（『パフォーマンス評価』p.7）と言われるように、子どものための質の分析を行うことが重視されている。パフォーマンス評価についても、学校現場での実践的な活動が報告されている（パフォーマンス評価で授業改革』）。

　ただし、数値化の難しい分析は客観性を欠きやすいため、ルーブリック（rubric）という基準表が作られて、できるだけ透明性・公平性のある評価をすることが心がけられている。このルーブリックを用いた授業が近年展開されつつある（『ルーブリックを活用した授業づくりと評価』）。

3　評価規準や評価方法の改善

　現行の学習指導要領における重要な視点として「思考力・判断力・表現力」がある。指導要領の内容は評価観点にも大きく影響するため、学校教育でもこれらを具現化できるような評価が必要になってくる。

　中学校社会科の評価規準（観点）として挙げられた例を**表2**に示した。知識にとどまらず、関心や活用技能、そして前述した思考力・判断力・表現力の観点が盛り込まれていることが分かる。これらは前項のルーブリックの観点ともなりうるものであり、単なるテストの点数だけにとどまらな

表2●中学校社会の評価の観点と趣旨

社会的事象への関心・意欲・態度	社会的な思考・判断・表現	資料活用の技能	社会的事象についての知識・理解
社会的事象に対する関心を高め、それを意欲的に追求し、よりよい社会を考え、自覚を持って責任を果たそうとする。	社会的事象から課題を見いだし、社会的事象の意義や特色、相互の関連を多面的・多角的に考察し、社会の変化を踏まえ公正に判断して、その過程や結果を適切に表現している。	社会的事象に関する諸資料から有用な情報を適切に選択して、効果的に活用している。	社会的事象の意義や特色、相互の関連を理解し、その知識を身につけている。

出典:『評価規準の作成、評価方法等の工夫改善のための参考資料 中学校 社会』

い子どもの学びの諸要素をくみ取ろうとしていることがうかがえる。

第5節 評価の難しさと評価の影

1 評価をどのように伝えるか

　教師（大人）が子どもに評価を伝えること、これは非常に難しいことである。評価する側が悪い評価を好んで伝えたいと思うことなどほとんどないだろう。しかし、このままだとより大きな失敗や困難が生じる場合、大人は評価という指標を用いることで子どもに一定のメッセージを送ることができる。

　同時に、評価される側で好ましくない結果をもらいたい子どもはいないだろう。しかし、受け取る（受け取らざるを得ない）者もいる。受け取った場合に大事なことは、それを冷静に、現実的に、前向きに感じ取るかであり、それが次への改善につなげる意識を育てるのである。したがって、評価を与えるまで、評価を与えるとき、評価を与えた後、というこれら一つ一つの機会が重要になることを、与える側が意識する必要がある。

2　評価結果をもとにした差別

　評価の個人差は当然生じるであろうが、その個人差を不当に利用する場合がある。その代表的な例が、悪い評価のために受けてしまう侮蔑やからかいなどの差別的行為である。場合によっては、教員の側がその行為を助長したりする場合がある。一例を挙げると、テストの成績が良くなかった子どもたちの一群に、教師自らが身分制度的な呼称を与えて蔑んでしまった出来事も過去には起きた。

　評価というものがその子どもの成長のためであるという大前提を考えれば、このような差別的利用は絶対に行ってはならない。教師―子ども間でも子どもどうしの間でも、また親子関係でも、不当に利用するということを避ける意識や倫理感が必要になってくるであろう。

3　評価の過度の一般化

　ある評価を行ったときに、どうしてもその評価の影響が他に及んでしまうことがある。「ハロー効果（光背効果）」とは、ある評価観点で何か良い〔悪い〕印象を強烈に持つと、その他の部分でも良い〔悪い〕印象を持ちやすいという評価のゆがみである。

　その他にも、自分が極めて高い〔低い〕基準を持っていることで他を低く〔高く〕評価しやすい「対比効果」や、なじみのある対象には評価が緩んでしまう「寛大効果」など、評価においてはさまざまなゆがみも指摘されている。評価する側が過大視または過小視してしまう危険性を戒め、できるだけ客観性を保って評価する意識を持たねばならない。

おわりに

　教育場面に限らず、大人の世界でも「評価」というものはある。仕事の世界で今まで経験したことのない厳密な評価をされたり、その一方で不当に冷酷な評価をされたりすることも見られる。したがって、成長の過程の中で「正当に評価されること」の意味を教えていかなければならない。同

時に「評価をよりよくするために自分ができる努力や相手から得られる協力」の促進を成長過程の中で身につけていかなければならない。不当な評価を感じたら確認し、適切な異議申し立てを行う力を持たなければならない。

　悪い評価にただ不満を述べるだけでなく、不当な評価にただおびえるだけでなく、「自分でそれなりの形を残せたこと」のあかしとして正確な評価をされることが、学校教育のみならず大人として、社会人として生きていくうえでも大切なことであると言える。それは幼い頃から、学校教育の中で着実に育まれていることでもある。

【文献一覧】

海保博之「教育心理学の研究法」杉原一昭・海保博之編著『事例で学ぶ教育心理学』福村出版、1986年、pp.201-214

香川大学教育学部附属高松小学校『パフォーマンス評価で授業改革：子どもが自ら学ぶ授業づくり７つの秘訣』学事出版、2013年

国立教育政策研究所教育課程研究センター『評価規準の作成、評価方法等の工夫改善のための参考資料 中学校社会』教育出版、2011年

佐藤隆博『S-P表の作成と解釈：授業分析・学習診断のために』明治図書出版、1975年

高浦勝義・松尾知明・山森光陽編著『ルーブリックを活用した授業づくりと評価２（中学校編）』（教育評価シリーズ教職研修総合特集）教育開発研究所、2006年

西岡加名恵『教科と総合に活かすポートフォリオ評価法：新たな評価基準の創出に向けて』図書文化社、2003年

南風原朝和「教育評価の方法」子安増生・田中俊也・南風原朝和・伊東裕司『教育心理学』（ベーシック現代心理学6）有斐閣、1992年、pp.175-196

堀哲夫編著『一枚ポートフォリオ評価：子どもの成長が教師に見える：中学校編』日本標準、2006年

松下佳代『パフォーマンス評価：子どもの思考と表現を評価する』（日本標準ブックレット7）日本標準、2007年

余田義彦『デジタルポートフォリオ学習と評価：生きる力を育てる』高陵社書店、2001年

Bloom, B.S., *Taxonomy of Educational Objectives,* Boston: Allyn and Bacon, 1956

第8章

授業の実践と研究

田端健人

はじめに

　公教育制度が明治期に創設されて以来、日本の授業実践は授業研究を伴侶とし、両者は相互影響関係の中で歴史的に展開してきた。今日の授業の形態や方法は、こうした実践・研究の伝統の成果である。

　授業研究には、授業者の実践知はもちろんのこと、さまざまな学問知が投入されてきた。教育学、社会学、哲学、各教科の学問（数学や文学や運動学など）、そして心理学もである。本章では、授業について学び、実践に生かすという観点から、日本の授業の実践・研究の伝統を概観し、より良い授業を考えるヒントとなる心理学的知見や授業実践を紹介する。

第1節　授業の実践と研究の伝統

　本節では、明治期、大正期、昭和30年代前後の三つにポイントを絞り、主要な動向を概観しよう。

1　明治期の定型授業と「五段階教授法」

　1872（明治5）年「学制」によって制度化された学校教育は、1900（明治33）年には小学校就学率90％に迫り、今日同様の学年制による学級編成へと移行した。授業方法としては、欧米から移入された一斉授業方式が採用された。

　導入に当たった第一人者は、師範学校（東京師範学校）に招聘されたアメリカ人教師スコット（Scott, M.　1843-1922）である。彼の示範授業を見た当時の教師は、ランカスター・スクールの系譜をひく整然とした一斉授業に、次のように驚嘆している。

　「さて、いよいよ授業を参観してみると、こはそもいかに、自分たちが郷里の学校でひとりひとりの生徒を相手に『イト・イヌ・イカリ』と単語編をくり返すようなやり方とは全然違って、三間に四間の長方形な様式建

築の教室の中で整然たる一斉教授が行われ、教室の出入には、『1、2』の号令に足並を揃える。『礼』の一令で生徒が恭しく敬礼する。質疑応答に挙手を以てする等、活気旺溢せる新式の授業に全く魂を奪われたのであった。見学旬余、つぶさに新教授の形式を了解した私は甚大の期待を胸に描きつつ、足も空ろに故郷へと急いだのであった。」(『教育学』pp.55-56)

号令による一斉行動や挙手による質疑応答など、今日当たり前となっている方法は、早くもこの頃から全国に広がった。

その後、一斉授業の定型として支配的になったのは、「ヘルバルト主義」の「五段階教授法」であり、1887（明治20）年東京帝国大学に招聘されたハウスクネヒト（Hausknecht, E. 1853-1927）によって導入された。この方法は、ヘルバルト学派のライン（Rein, W. 1847-1929）の発案で、「予備、提示、比較、総括、応用」の五段階によって授業を構成した。これも師範学校の研究授業や教育学者や教育ジャーナリズムによって全国の教室に浸透し、今日まで影響を及ぼすほどの定型となった（『明治教授理論史研究』第2部第1章・第2章参照）。

公教育草創期のこうした事情から分かることは、第1に、授業実践は、研究授業をいわばお手本として模倣あるいは創出されていったことである。

第2に、こうした研究授業の背景には、授業や教育についての学的知があったことである。たとえば、ラインの5段階教授法は、たとえかなりの世俗化であったとしても、子どもの興味関心や認識の発達についてのヘルバルト（Herbart, J. F. 1776-1841）の心理学に由来する（『一般教育学』第2編参照）。この点でも、授業実践は、授業や教育や成長についての学的研究によって導かれている。

第3に、ヘルバルトの場合、際立つのは、心理学を含む彼の教育学は、ペスタロッチ（Pestalozzi, J. H. 1746-1827）の教育実践への敬慕と、そこから得たインスピレーションに導かれていたことである。事実、ヘルバルトは、1797年ペスタロッチに面会し、1799年ブルクドルフ学園を訪れ、『ペスタロッチの直観のABCの理念』（1802年）も出版している（『一般教育学』「訳者解説」p.287）。ここでは、授業を含むすぐれた教育実践が、教育研究

を導いている。

2　大正期の授業改革

　明治期に主流となったライン式一斉授業は、「子ども中心主義」を特徴とする「新教育」の世界的興隆によって、「画一的注入主義」として批判され、改革が試みられる。代わって登場したのは、米国の「進歩主義教育」、ドイツの「改革教育」、日本の「大正自由教育」などである。

　大正自由教育を牽引した人物として、及川平治（1875-1939）と木下竹次（1872-1946）を挙げたい。両者とも、実践者にして研究者であり、実践現場に根ざした教育研究を行い、その学的知見を基に実践を変革した人物である。及川は兵庫県明石女子師範学校教諭兼同校附属小学校主事として30年間、木下は奈良女子高等師範学校附属小学校主事として21年間活躍した（『教育学』p.68、p.73）。

　今日的にも興味深いのは、2人とも、学級という集団を固定的には考えず、小集団のグループ学習を活用し、一斉授業方式を柔軟にした点である。及川は「本体たる学級教育」を、「全級的」「分団的」「個別的」に分け（『分団式動的教育法』p.231）、これらを動的に活用することで、「優秀児」にも「遅滞児」にも「自恃〔＝自尊心〕と独立研究の能力」を得させることを目指した（同書p.247、〔　〕内引用者）。木下も、「学級的画一教育法を打破」することを標榜し（『学習原論』「自序」）、個人で行う「独自学習」と、グループで行う「相互学習」を併用した。

　大正自由教育とは一線を画すが、この時期、授業の実践・研究の協同という観点から見逃せないのは、国語教育における芦田恵之助（1873-1951）と垣内松三（1878-1952）の交流である。芦田は、東京高等師範学校附属小学校訓導として実践を重ね、「読み方は自己を読むもの、綴り方は自己を綴るもの」と提唱し、読み方と綴り方の授業に質的な深みを与えた。自らの授業の文字記録を公表した先駆者の一人でもあった。垣内は、芦田の授業を繰り返し見学し、彼の授業記録も熟読し、ディルタイ解釈学とフッサール現象学を核とする解釈学的形象理論を提唱し、その後の国語教育に

大きな影響を与えた（『「詩の授業」の現象学』pp.255-258）。

ここでも、優れた授業を生み出すためには優れた授業研究があり、かつまたその逆でもあり、授業の実践と研究は、相互に触発し導き合う関係にあったことが分かる。

3　昭和30年代前後の授業研究

敗戦後の民主教育において、授業を革命的に変貌させ、授業の深く豊かな可能性を世に知らしめたのは、斎藤喜博（1911-1981）と彼を校長とした群馬県島小学校（以下「島小」と略記）の実践群（1952〜1963）だった。島小の実践は、同僚教師たちの校内研究、外部の実践者や研究者や芸術家を招いた公開研究会など、授業研究と一体となって創造的に発展した。斎藤はまた、教育科学研究会（略称「教科研」）や教授学研究の会など、実践者と研究者から成る研究組織とも連携し、授業や教育実践をめぐる激しい論争を巻き起こした。

一方1962（昭和37）年には、「授業を科学的に解明しよう」とする五大学共同研究（北海道大学、東京大学、名古屋大学、広島大学、神戸大学）が発足する（『斎藤喜博研究の現在』pp.221-223）。

同時期、「教育内容の『現代化』への機運がめざましいほど盛り上が」り、遠山啓を代表とする数学教育協議会（略称「数教協」）の水道方式など、各教科での民間教育運動が盛んになる（同書、p.80）。理科教育では、1963（昭和38）年板倉聖宣によって仮説実験授業が提唱される。いずれも、実践者と研究者の協同的な授業変革であった。

日本では、その後も、授業の実践・研究が、多種多様に積み重ねられていく。こうした伝統を持つ日本の授業研究は、レッスン・スタディ（lesson study）として世界的にも知られるに至っている（『日本の授業研究』〔上巻〕「刊行のことば」）。

第2節　授業実践のヒントになる心理学的知見

　教育全般に対して心理学が与えた影響は計り知れず、こと「授業」に限っても、心理学の貢献は大きい。心理学と一口に言っても、実験心理学や統計心理学、認知心理学や社会心理学、ゲシュタルト心理学や現象学的心理学、知能検査や心理検査、精神分析学やカウンセリング理論など多岐に及ぶことを考えれば、授業の実践・研究に対する心理学の影響をつまびらかにすることは、ほとんど不可能であろう。

　そこで本節では、授業実践と関連を持ち、かつ授業を実践するうえで示唆的な心理学的知見を幾つか紹介したい。

1　ピグマリオン効果

　一つは、1968（昭和43）年にローゼンタール（Rosenthal, R.）らが発表したピグマリオン効果（Pygmalion effect）である。彼らは、教師が子どもに対して抱く期待が、子どもの学習成績を実際に向上させることを、実験的に確認した。小学校1年生から6年生までの18学級を対象に、「ハーバード大学式学習能力開花期テストは子どもの1年後の成績の伸びを予想できる」というメッセージを教師に与えて通常の知能検査を行い、検査結果とは無関係に20％の子どもをランダムに選び、担任教師に著しい伸びを示す子どもであると知らせた。8カ月後に同一の知能検査を実施したところ、教師が期待した子どもたちの検査結果は、有意な伸びを示した。

　基本的であるが、授業をする上でも、ぜひ心に留めていてほしい知見である。

2　発達の最近接領域

　次に、ヴィゴツキー（Vygotsky, L. S.　1896-1934）の「発達の最近接領域（zoon of proximal development）」である。これは、学習のレディネス（readiness to learn）、つまりある学習に成功するために必要とされる発達条件に関する知見である。

彼によれば、教育は、既に形成された現下の発達水準にではなく、発達しつつある水準、すなわち他者からの援助や共同によって達成できる水準に基礎を置く必要がある。

　「われわれが二人の子どもの知能年齢を調べ、二人が同じように八歳だったと仮定しよう。…（略）…この二人の子どもが自分で自主的には解くことのできない、その後の年齢の問題を、かれらに教示、誘導質問、解答のヒントなどをあたえながらおこなわせたときに、…（略）…かれらのうちの一人は共同のなかで助けられ、指示にしたがいながら十二歳までの問題を解くのに、他の子どもは九歳までの問題しか解けないことがある。」(『思考と言語』〔下〕pp.88-89)

　子どもが自主的に解答できる発達水準（現下の「知能年齢」）と、共同の中で解答できる水準との間のずれが、発達の最近接領域である。

　この知見によれば、「ここまでできたから、次はこれ」という方法、すなわち、子どもが現在どの難易度の問題を解けるかによってその子の学習レディネスを推定し、それを基に次の学習課題を設定する方法は、一見もっともらしく見えるが、心理学的には粗雑な方法でしかないことになる。授業をするうえで教師が見極めなくてはならないのは、子どもの現在の発達水準だけではなく、個々に異なる発達の最近接領域であり、教師の暗示や教示、子どもどうしの共同によって達成可能な、「発達しつつある」水準である。この知見は、授業でのグループ学習を考えるヒントにもなる。

3　教師が醸し出す集団雰囲気

　集団をテーマとした社会心理学の知見も示唆的である。

　アクション・リサーチという現場との共同研究の手法が、昨今教育研究でも注目されているが、その提唱者レヴィン（Levin, K.　1890-1947）の、集団雰囲気に関する知見を見ておきたい。

　これは、10歳と11歳の男女を被験者に、お面作りクラブとして、「民主的雰囲気」と「専制的雰囲気」の二つのグループを実験的に組織し、観察した結果に基づいている。これらの集団雰囲気は、教師によって創出され、

前者の教師は、できるだけ子どもの考えややり方を尊重し、それを激励誘導するにとどめ、客観的な賞賛と批評を与えたのに対し、後者の教師は、全ての方針を決定し、細かく指示を与え、気まぐれな批評と賞賛を与えるようにした（『社会的葛藤の解決』pp.99-100）。

　すると、「民主的雰囲気では協働と他の成員への賞賛が遥かに頻繁に認められた」のに対し、「専制では約30倍もの敵対的支配行動がみられ、他人の注意をひこうとする要求が強く、敵意ある批評が多かった」（同書、p.103）。そこでレヴィンは、「教師が教室で成功を収める程度はその技能にもよるが、また教師が醸しだす雰囲気によるところも大きい」（同書、p.98）と洞察した。

　この知見は、第1に、授業中の学級集団の雰囲気が教師のリーダーシップによって醸成されること、第2に、集団雰囲気が子どもの人間関係に強く影響を与えることを示している。教室での集団雰囲気は、上記二つのタイプだけでなく、いっそう複雑で繊細なバリエーションを持つが、教師が雰囲気への感受性を持つことや、より好ましい雰囲気を自覚的に醸成することの重要性を示唆している。

4　同調行動とアクティブ・マイノリティ

　「同調行動（conformity）」とは、マジョリティ（多数者）の意見や判断や行動が集団圧力となり、マイノリティ（少数者）が自分の見解を変え、マジョリティに合わせるようになることである。これは、教育的に好ましい効果と好ましくない効果をもたらす。

　好ましい効果としては、たとえば、学級集団の勢いに同調することで、個人的にはためらっていた力を発揮できたり、個人的な感情のムラを克服し規則正しい学習習慣を継続できたり、学級みんなで納得した認知的帰結を、納得済みの帰結として集団的に確信し、次の認知プロセスに前進できるといった効果を持つ。

　好ましくない効果としては、集団に流されて、個人がよく考えなくなってしまうことである。ジャニス（Janis, I. L.）が指摘した集団浅慮（group think＝集団思考）もその一つである。

　同調行動とは逆の現象、つまりマイノリティによってマジョリティの見解が覆され、集団に変革が生じる現象も、モスコヴィッチ（Moscovici,S.）らの実験（1969年、1976年）により確かめられている。実験の詳細は省くが、結論としては、マジョリティが「マイノリティの一貫したぶれない意見や行動に接する」ことで、「それまでの判断とマイノリティによる新たな判断の認知的葛藤」が生じ、マイノリティの「確信と信念を読み取り、自らのこれまでの意見を転向させる」現象である（『集団行動の心理学』p.66）。こうした少数者は、アクティブ・マイノリティとも呼ばれる。

　この知見からは、学級のマイノリティの意見を教師が支持することで、学級集団の思考や行動にダイナミズムを引き起こす可能性が示唆される。また、学級内のマイノリティに対する評価を転換し、ヒエラルキーの固定化を壊す作用も示唆される。

5　道徳的葛藤

　「認知的葛藤」だけでなく、「道徳的葛藤（モラル・ジレンマ）」の重要性を指摘する実験もある。

　子どもの道徳性の発達の6段階説を唱えたコールバーグ（Kohlberg, L. 1927-1987）らは、11歳から12歳までの子ども12名のクラスに、週1回、4カ月間の道徳討論プログラムを開発し、子どもたちは仮想の葛藤場面について話し合い、意見を戦わせた（『道徳性の発達と道徳教育』pp.128-129）。まず「教師は、クラスの平均的なレベル（たとえば第3段階）の主張を支援し、その論旨を明確にさせ」、その後、「この第3段階の主張が十分理解され、新しい場面にも応用されるようになったと思われるところで、教師は、それまで支援してきたレベル（第3段階）に疑問を投げかけ、それまでの大多数が合意した意見よりも一段階上（第4段階）の意見を支援し、その論旨を明確にさせ」た（同書、p.129）。

　道徳性を測定する事前と事後のテストによると、このクラスのうち、50％が1段階上昇、10％が2段階上昇、残りは同じ段階だったのに対し、

統制群では、10%が1段階上昇、残りは同じ段階にとどまった（同書、p.129）。

ここからコールバーグは、「発達を促すためには、教師による道徳的対話は、子どもに真の道徳的葛藤を起こす問題を含んでいるとともに、子どもにとって新しい認知的要素を表現しているべき」（同書、p.128）であると結論づける。つまり、授業の中で子どもに真剣な葛藤を起こすこと、また新しい思考や世界に出会わせることが、子どもの発達を促進する。

第3節　より良い授業とは？

以上の心理学的知見は、通常よく目にする授業のワンランク上の実践可能性を示唆している。換言すれば、質の高い授業には、これらの心理学的知見からも納得できる発達促進作用が働いている。そこで、本節では、よく見かける授業パターンを素描し、そこに潜む問題点との関係で、島小での授業実践の特徴を3点示したい。この3点は心理学的知見とも共鳴する。

1　よくある授業パターン

もちろん、授業はその都度一回的なものであり、同じ授業は二つとない。子どもや教師の年齢や性格や経験、その日そのときのコンディション、学習内容や学習環境などによって、授業は千差万別である。しかし、授業を数多く見ていくと、よくありがちな授業のパターンが見えてくる。

よくある授業パターンの一つは、教育実習時の研究授業である。まず導入があり、前時の確認とか本時の予示があり、本題に入り、ねらいとされた結論に至り、ときにそれを応用し、本時のまとめで終わるといった流れである。これはラインの五段階教授法と大差ない。時間内にねらいが達成できたかどうか、学級にどの程度同調行動が起きたかが、授業評価の大まかな目安となる。

こうした研究授業は、事前の授業案（指導案）によってレールが敷かれ

ている。この授業案は、授業の流れとしては、「教師の働きかけ」（あるいは「教師の発問」）と「予想される子どもの反応」を軸に構想される。教育実習生が陥りがちな問題点は、子どもの反応と次の教師の働きかけにつながりがなく、実際の授業も教師と子どもの一問一答式の「ぶつ切れ」になり、集団思考が論理的に進展しない点である。

経験を積んだ教師は、教育実習生よりも格段に「うまい」授業をするが、指導主事などが参観する研究授業などでは、上記パターンに収まることが多い。「うまい」と思わせるのは、子どもの意見を複数引き出し、間違った意見をうまく処理し、いつのまにか同調行動を引き出し、狙った結論にもっていく点である。子どもの思わぬ発言に対しても、即興的に応答し、授業が脱線しないようコントロールする手際の良さも見られる。

こうした一斉授業のうまさは、伝統に裏打ちされた日本の教師のいわば「お家芸」である。よくある授業パターンとはいえ、一定の質の高さを有している。

2　授業の中での「葛藤」

しかし、前節の心理学的知見からすれば、こうした授業パターンでは、子どもの成長を促す効果が存分には発揮されていない。

課題の一つは、葛藤のなさである。モスコヴィッチの「認知的葛藤」であれ、コールバーグの「道徳的葛藤」であれ、子どもに葛藤が生じ、子どもの思考が揺さぶられ、劇的に転換されることはまれである。

対照的に、島小では、子どもに葛藤を起こすことが重視され、公開研究会の見どころでもあった。たとえば、国語の授業の次のような光景である。

「一人の子がある考えを発表する。すぐさまそれに対立する異なる意見が出される。あきらかな矛盾をはらんだ対立点が教室にするどい緊張をよびおこす。別の子どもがまたあたらしい考えを提出してこの困難なハードルの突破を試みる。しかし、その考え方の弱点、論理的な不整合がまたたく間に他の子によって否定される。だが、それが逆に、他の子どもに、まったく異なる地点からのアプローチを触発する結果を生む。」（『授業の

発見』p.47)

3 「組織学習」

　もう一つは、一斉授業の偏重である。一斉授業方式の変革は、既に及川や木下が積極果敢に試みたことだった。斎藤も、彼らの伝統を受け継ぎ、「組織学習」(ないしは「独自学習」)と呼ぶ個人学習とグループ学習が混在する学習法を考案し、子どもの主体的で共同的な学びを促した。島小では、個人学習、組織学習、一斉学習、整理学習の4段階が授業形態の基本であり、組織学習は一斉学習の成否を決める要の学習だった。

　「組織学習では子どもたちは、それぞれ自分の席で自分の問題について考えたり、問題点や疑問点や分かったことをノートに書いたりする。また、それを持って教師や友だちのところへいき、自分のものを確かめたり、他の人との考え方のちがいを知ったり、同じ問題をいっしょに考えたりする。だからこの学習での教室は、一人で机に向かって本を読んでいる子もいる。ノートに書いている子もいる。じっと一人で考え込んでいる子もいる。二人で話し合っている子もいるし、何人かで集まって考え合っている子もいる。先生のところへいって話し合っている子もいる。しかもそれが次々と変化し動いていっている。」(「授業の展開」p.202)

　発達の最近接領域が子ども相互に異なり、一人の子どもでも時期や状況に応じて異なることからすれば、個人学習と共同学習を子どもが必要に応じて自主的に選択し、自由に組織できるこの授業形態は、今日的にも斬新で意義深い。

4　子どもの疑問に対する感受性と応答性

　上記引用文にもあるように、島小では、子どもに芽生えた「自分の問題」を大切にした。深い教材研究と子ども理解による高度な発問を次々に生み出し、教師の発問の重要性を広く知らしめたのも、斎藤と島小であったが、島小の場合、教師の発問は、子ども自身が引っかかった「問題点や疑問点」に深く根ざしていた。

島小の武田常夫（1929-1986）は、組織学習の中で、「子ども同士の話し合いや、質問や、いまぶつかっている問題の中から、次の授業の構想や計画を立てるためのネタをさがし」まわったという（「私の授業と教材研究」p.90）。そして、学習が遅れがちな子どものなにげない疑問が、学級全体に波紋を広げ、多数者の解釈を揺さぶったり、教師の教材解釈を転換させることもあった。

　島小の教師たちは、子どもの疑問や戸惑い、相互の生きた交流、分かったときの喜びに敏感だった。

　「授業をしているとき、よく子どもたちが『にこっ』とすることがある。その『にこっ』とした笑いは、そこに展開した学習の中味や教室の説明に『そうだったんだ』というときもあるし『私のと同じだった』という満足のときもある。もしくは、その子どもが、新しい発見をしたときもある。『にこっ』とする子どもがいるかと思うと『まだわからないなあ』という顔をしている子どももいる。自分の疑問を口のなかでつぶやくようにいっている子どももいる。教師は、そういうひとりひとりの子どものつぶやきや表情を敏感にとらえ、新しい発見をした子どもがいたらそれをとり上げ、まだわからない子どもがいたら、その問題をみんなのところへ引き出し、それを発展させ解決させてやらなければらない。そういう子どもの表情やつぶやきに、感動しながら、それに反応しながら教えていく教師でないと、ひとりひとりの子どもを生かしながら、それを引き上げていくという授業をすることができない。」（「未来誕生」p.361）

　一人ひとりの子どもの表情や、つぶやきに対する教師の感受性と応答性があってはじめて、レヴィンの言う民主的雰囲気のような、開放的で連帯的な集団雰囲気も醸成され、授業での葛藤やアクティブ・マイノリティ効果も発揮されるのであろう。

おわりに

　以上ように、優れた授業実践は、優れた研究との影響関係において創出されてきた。授業の実践・研究のこうした伝統に学び、授業の多様な可能

性を知り、新しい授業実践を切り開いていってほしい。

【文献一覧】

稲垣忠彦『明治教授理論史研究：公教育教授定型の形成〔増補版〕』評論社、2001年

ヴィゴツキー, L. S.（柴田義松訳）『思考と言語』〔下〕明治図書出版、1971年

及川平治（中野光編）『分団式動的教育法』（世界教育学選集69）明治図書出版、1976年

木下竹次『学習原論』目黒書店、1923年

コールバーグ, L.・ヒギンズ, A.（岩佐信道訳）『道徳性の発達と道徳教育：コールバーグ理論の展開と実践』麗澤大学出版会、1987年

斎藤喜博「未来誕生」『斎藤喜博全集』〔第2期 第4巻〕国土社、1983年

斎藤喜博「授業の展開」『斎藤喜博全集』〔第2期 第6巻〕国土社、1982年

武田常夫「私の授業と教材研究」『教育科学 国語教育』〔24号〕明治図書出版、1961年、pp.90-95

武田常夫『授業の発見』（授業叢書4）一莖書房、1979年

田端健人『「詩の授業」の現象学』川島書店、2001年

中野光・平原春好『教育学』（有斐閣Sシリーズ）有斐閣、1997年

日本教育方法学会編『日本の授業研究』〔上巻〕（授業研究の歴史と教師教育）学文社、2011年

ヘルバルト, J. F.（是常正美訳）『一般教育学』（世界教育宝典）玉川大学出版部、1968年

本間道子『集団行動の心理学：ダイナミックな社会関係のなかで』（セレクション社会心理学26）サイエンス社、2011年

横須賀薫編『斎藤喜博研究の現在』春風社、2012年

レヴィン, K.（末永俊郎訳）『社会的葛藤の解決：グループ・ダイナミックス論文集』（現代社会科学叢書）創元新社、1966年

第9章

学級集団〜人間関係の発達〜

橋本和幸

第1節　学級とは

1　同年代と活動をする場

　幼稚園や保育所で親や家族から離れて初めて同年代との集団活動を体験した後、小学校に入学して授業や行事などの本格的な集団活動を行う。精神分析の考え方によれば、小学校入学の時期は潜伏期であり、親の影響から離れて仲間集団での活動や交流を深める時期である。こうした時期に学校では、学級という数十人の同年代の子どもたちがいる集団に所属して、その中でさまざまな活動を行うことが基本である。これは中学校および高等学校まで続く。

2　学級という集団の特殊性

　学級には、他の集団にはない特殊性がある。それは、公立小学校および中学校の学級は、ある地域（学区）において、ある限られた期間（ある年度1年間）に生まれた児童・生徒を集めて、その児童・生徒たちを1学級40人以下という原則に従って、いくつかの集団に分散したものである。つまり、学級とは、成員の意志ではなく、ある種の偶然によって参加させられた集団である。しかも、公立の小学校および中学校の学級は、児童・生徒の能力や保護者の経済的背景や教育についての考え方がまちまちで、さまざまな児童・生徒が混在している集団であると言える。児童・生徒は、このような手続きで決められた集団の中で、一般的に1年間あるいは2年間、この集団の一員として学校生活を送らなければならない（「学級という社会」pp.102-103）。

　このような学級の中で、児童・生徒は唯一の大人である教師と同年代の友人から影響を受けて、人間関係や人格を発達させていく。本章では、第2節で教師による影響、第3節で友人による影響を説明していく。

第2節　人間関係の発達に教師が与える影響

1　教師を軸とした集団の発達

　担任教師という一人しかいない大人は、リーダーとしてその考え方や振る舞いが、成員間の人間関係や成員の振る舞いに大きな影響を与える。たとえば、学級集団構造の発達過程にかかわる教師の影響がある（「遊びの発達」p.59）。

　まず、学級が形成された当初は、それぞれの児童・生徒は教師と結びつき、児童・生徒どうしは孤立している。そこから児童・生徒どうしがしだいに結びつき、いくつかのグループが形成される。さらに、それぞれのグループの中で、児童・生徒が集団を引っ張るリーダーとそれについていくフォロワーに分化する。教師はリーダーを通じて学級全体を掌握するようになる。そして、各グループの凝集性が高くなる。つまり、学級での児童・生徒の人間関係は、教師を軸に発達していくのである。

2　教師期待効果について

　教師が児童・生徒に対して行う働きかけは、授業や行事などの公式な場面に限らず、休み時間のかかわりや登下校時の声掛けなど非公式な場面でも行われ、日常的で広範囲に及ぶ。教師が児童・生徒に対して伝えているメッセージは、指導内容そのものだけではない。教師が児童・生徒に持っているある種の感情や期待なども伝えられている。

　このような教師の児童・生徒に対する期待が、児童・生徒に与える影響を教師期待効果という。米国の教育心理学のブロフィ（Brophy, Jere E 1940-2009）らは、教師が持つ期待に即した学業成績や行動を児童・生徒が示すようになること と定義している（『教師と生徒の人間関係』）。教師が児童・生徒の能力や学業成績に、ある期待を持つことによって、児童・生徒の能力や学業成績が現実に教師が抱いた期待方向に近づく現象である。つ

まり、教師が期待した児童・生徒は伸びるということである。

　これは人間が自分や他者の行動に対して特定の期待を持つと、人間はその期待に合致するような行動をとり、最初に持った期待は実現するという、自己成就的予言現象の一種である。動物の学習研究の中で、実験者はこの自己成就的予言、つまり、自分がこういう研究結果になってほしいと願うために、被験体に異なった処理をしてしまうことがある。すると、実験結果が実験者のあらかじめ立てた仮説の方向にずれることがある。このような現象を実験者効果という（「教師期待効果」）。米国の教育心理学者のローゼンタール（Rosenthal, Robert　1933-）らは、この実験者効果が教師、児童・生徒関係にも生じるかを検討した（「学級という社会」pp.103-106）。

　方法は、小学生に知能検査を実施し、現実の検査結果とは無関係にランダムで児童を選び、担任教師に、その児童の学力が今後著しく伸びるという偽情報を与え、教師の期待がその児童に向くように操作した。

　8カ月後に同じ知能検査を行ったところ、教師が偽情報で伸びると期待を抱いた児童の成績が、現実に伸びていた。さらに、教師に児童の活動への知的好奇心の程度について評定してもらったところ、期待を抱いた児童の知的好奇心が高いと評定するという結果が出ていた。このような教師期待効果を、ローゼンタールらは、ピグマリオン効果と呼んだ。

　この実験結果は反響が大きく、この実験への追試が数多く行われたが、この実験のように、教師の期待を操作する研究では、一貫した結果が得られていないようである。

　一方、教師が生徒に自然に持つ期待を調査して取り扱った研究では、おおむね教師期待効果が現れていた。教師が全ての児童・生徒を必ずしも同じように期待していない現実を考えると、教師期待効果が児童・生徒に与える影響は大きいものと考える。

　教師期待効果が生じる理由を研究したものとして、前述のブロフィらの実験がある。方法は、まず、教師に期待している児童とそうでない児童を挙げてもらった。その児童の教室行動を観察するという名目で授業観察をして、教師と生徒の相互作用（やり取り）を調査した。

実験の結果、期待している児童と期待していない児童とでは、教師の態度が違うことが分かった。たとえば、期待する児童は、正答すると褒められる割合が高く、誤答の場合に叱られる割合が低かった。一方、期待していない児童には、その反対であった（**表**参照）。しかも、教師は自分がそういう弁別的な行動（相手によって態度を変えているということ）をとっていることに気づいていなかった。このような教師の弁別的な行動が、暗黙のうちに児童の動機づけや学習内容の理解に影響していた。

　また、シルバーマン（Silberman, Melvin 1942-2010）の研究では、教師がそれぞれの児童・生徒に持つ態度を、関心・好意・無関心・拒否の四つから測定した。そして、教師が持っている態度と、それぞれの児童・生徒への対応の関連を調べた。この結果、好意を持っている児童・生徒には、問題があっても寛大に接していた。反対に、拒否している児童・生徒には、否定的な態度で接していた（「学級という社会」p.107）。

　さらに、タル（Tal, Zohar）らが紹介した「教師のペット現象」という、教師が学級の中に「お気に入りの子ども」を持つ現象がある（「仲間を育てる」）。このように教師が特定の児童・生徒をえこひいきする学級では、児

表●教師期待効果

教師の行動	対高期待生徒	対低期待生徒
正答に対する賞賛	多い	少ない
誤答に対する叱責	少ない	多い
不適切な反応に対する賞賛	少ない	多い
手がかりの付与	多い	少ない
フィードバックの付与	多い	少ない
不適切なフィードバックの付与	少ない	多い
努力の要求	多い	少ない
ほほえみ・視線	多い	少ない
応答を待つこと	多い	少ない
公的指名	多い	少ない
指名の変更	少ない	多い
座席の配置	教師に近い	教師から遠い
与える学習形態	介助多い	介助少なく自主学習
相互作用のタイプ	公的	私的
境界線上の答案の解釈	有利に解釈	不利に解釈

出典：『教師と生徒の人間関係』

童・生徒の学習意欲が低下し、学級の雰囲気が悪化しやすいことが明らかになった。

　以上のような教師期待効果の研究からは、教師に弁別的な態度が存在することと、その態度が児童・生徒のやる気に影響を与えることが明らかになった。しかし、全ての教師がこのような行動を取っているわけではない。力量のある優れた教師は、教師が持っている期待や関心の違いが弁別的な態度や行動に表れず、児童・生徒の個性に合わせた対応をしている。

3　リーダーとしての教師から受ける影響

　教師は1年間あるいは2年間という長い期間、特定の学級を担任し、学級の学習面と生活面という両面を、継続的に指導していかなければならない。指導を円滑に行うためには、学級の児童・生徒を理解し、まとめていく必要があるが、その際に教師のリーダーシップのあり方が重要になる。

　リーダーシップ理論の中で著名なものの一つに、三隅二不二（じゅうじ）（1924-2002）らによるPM理論がある（「仲間を育てる」）。この理論ではリーダーシップを、集団を目標達成へと方向づける目標達成機能（P：perfomance）と、集団の調整や凝集性の維持をする集団維持機能（M：maintenannce）がある。両機能を学級経営で考えると、P機能は学級全体の目標達成に関係し、M機能は学級内の人間関係の問題を軽減することに用いられるものと考えられる。PM理論では、PとMそれぞれのリーダーシップ行動得点の高低を算出し、PM（PとMが共に高い）、Pm（Pが高くMが低い）、pM（Pが低くMが高い）、pm（PとMが共に低い）という四つのリーダーシップスタイルに分けることができるが、児童・生徒の学級活動への意欲や学級全体の連帯感を最も高めていたのは、PM型の教師であった。

4　学級の雰囲気が児童・生徒に与える影響

　学級の雰囲気は、成員である児童・生徒の人間関係にも影響を与えるものと考えられる。この学級の雰囲気に影響する要因として、学級目標の立て方が考えられる。

たとえば、エームズ (Ares, Carole) らの研究は、学級の雰囲気を、進歩や改善を成功と考え努力に価値を置く習熟目標型と、基準より高い成績や能力を成功と教え価値があるとする遂行目標型に分類した。そして、中学生と高校生を対象に、自分の学級の雰囲気の認知、勉強への取り組み方、学級を受け入れているかなどを尋ねた。この結果、自分の学級を習熟目標型と思う生徒は、勉強の仕方を工夫しようとし、自分の学級が好きで、チャレンジ精神が旺盛であった。反対に、遂行目標型と思う生徒は、自分の学級に否定的で、自分の能力を低く見積もる傾向にあった（「学級という社会」pp.110-111）。

　また、ドチャーム（de Charms, Richard）の研究は、教師が教室場面で子どもの自律性を重んじるか、それとも子どもを統制しようとするかということと、児童・生徒の動機づけに与える影響について調査している。この結果、生徒は学級の雰囲気が自律的と感じていれば、自分から動こうとするようになり、内発的動機づけが高まっていた（同上書、pp.111-112）。

5　教師による影響のまとめ

　教師が学級において児童・生徒に与える影響には、大きく分けて教師期待効果と学級の雰囲気による影響がある。前者は教師の期待が、後者は学級の雰囲気が、共に児童・生徒の学業への意欲や結果に影響を与えるということである。

　いずれにしても、教師はリーダーとして学級という集団を取りまとめつつ、個々の児童・生徒にも指導や声掛けを通して日常的に、しかも深くかかわる存在である。そして、学級としての目標を立てて、その方向に学級集団全体および個々の児童・生徒を導く役割を果たす。このときに基準となる教師の価値観や信念が、児童・生徒の学習への取り組みや成果、さらに学級内の人間関係にも大きく影響する。このことを踏まえて、教師は、自分自身が児童・生徒全体や個々にどのような認知を持ち行動しているかを、絶えず自己洞察する努力が必要であると考えられる。

第3節 友人が人間関係に与える影響

　友人からの影響は、前述の教師や親から受けるものと同じくらいの重要性を持っている。具体的には、学級などの集団の中での自分の立場や役割がどのようなものかに直面することで、自分とは何者なのか、という自己洞察を深めていく。

　さらに、子どもどうしの人間関係を作るためには、相手の気持ちや立場を思いやることが重要になってくる。思いやりは、心理学では道徳性や社会性という概念で扱われてきている（「道徳行動の発達」）。

1　道徳性の発達と友人関係

　道徳性は、良い・悪いを判断する基準である。ピアジェ（Piaget, Jean 1896-1980）は道徳性の発達を、大人の判断を絶対視する他律的道徳から、他者とのかかわりや周りの状況を考慮しながら、自分の判断を重視する自律的道徳に移行するものと考えた。コールバーグ（Kohlberg, Lawrence 1927-1987）はピアジェの考えを基に、道徳性に発達段階があることを提唱した。また、道徳性の発達には役割取得能力が関係すると考えた。役割取得能力とは、自分を想像で他者の立場に置いて、他者の意図、態度、感情、欲求などを推論することである。セルマン（Selman, Robert　1942-）らの研究によれば、7、8歳で人はそれぞれの感情や考えを持つことが分かり始め、10歳ごろにお互いの考えや感情を考慮して行動する能力（相互的役割取得能力）が芽生えてくる。さらに、道徳性は社会的な強化や他者の行動観察や模倣（モデリング）からも成立する。このような考え方は、バンデューラ（Bandura, Albert　1925-）が社会的認知理論として提唱した。

　以上より、道徳性の発達には、他者について考えたり観察したりすることが重要であることが分かる。学級は、授業や活動を通して他の児童・生徒とかかわる体験をする機会が豊富であり、上記のような他者のことを推論したり観察・模倣したりすることができる貴重な場である。つまり、学

級での子どもどうしのかかわりが、道徳性の発達に大きな影響を与えるものと考えられる。

2　友人関係と学業とのかかわり

　子どもどうしの仲間関係は、学級への適応や人間関係の満足度ばかりではなく、学業にも影響を与えていることが明らかになっている。ここでは、学業と社会性の関係を説明していく（「仲間を育てる」）。

（1）社会性と学業達成
　ある課題を優れた基準で達成しようとする動機を達成動機と言い、学業の課題達成場面における児童・生徒のパフォーマンスにも関係している。わが国では、この達成動機と他者と親しくかかわりたいと願う親和動機との間に正の関連が見られた。これは、わが国では課題が他者との協力、協調によって達成されることに起因するのではないかと考えられている。
　また、グリーン（Green, Kenneth）らによる社会的有能感と学業達成の関連を調査した研究からは、友人から受容されている、友人との積極的にやり取りをしている児童は、高い学業成績を修めていることが明らかになった。一方、友人から拒否されている児童は、学業成績が低い傾向にあった。
　これらの研究結果から、子どもの友人関係や仲間関係が学業生活に影響を与えており、学級内で同級生とどのようなやり取りをしているかに注目する必要があるものと考えられる。

（2）社会的責任目標と学業成績の関連
　第2節で教師が設定する学級目標が、児童・生徒の動機づけに与える影響について説明した。学級における目標は、学習に関係するものばかりではなく、友人関係の持ち方や学級内での立場や役割に関係するものも考えられ、児童・生徒は日常生活の中で、さまざまな目標を追求しているものと考えられる。この中から、社会的責任目標と学級内の人間関係（教師、児童・生徒関係と友人関係）および学業達成との関係に注目すると、社会的

責任目標とは、学級内の明示されたあるいは暗黙の決まりごとを守る「規範遵守目標」と、同級生が困っていたら助けることを目指す「向社会的目標」から成っている。このような社会的責任目標を高く持つ児童・生徒は、学業達成の成果をより高いレベルで得る傾向があった。つまり、友人が困っていたら援助しようとする児童・生徒は、学業面でより良い成果が得られているのではないかと考えられる（「仲間を育てる」）。

　なお、規範遵守目標に関係する集団規範には、校則や学級目標のような公式で明白なものから、子どもどうしの暗黙のルールもある。集団規範には成員に集団のルールを守らせようとする集団圧力がかけられ、それによって、集団の凝集性が高められ、子どもどうしの関係が強められる。また、集団規範を守ることは、学級の一員であるという意識も強められる。

　仮に、学級の成員がその学級の集団規範から逸脱した場合は、集団はその成員にさまざまな働きかけを行い、規範を守るように圧力をかける。働きかけがうまくいかなかった場合は説得を諦め、その成員を排除する方向に動く。学級内のいじめとそれに同調する児童・生徒の存在の事例のいくつかは、集団圧力と規範逸脱者への排除の動きから説明することができるのではないかと考えられる。

　以上のように、学級内で集団規範を遵守する動きには、プラスとマイナスの両側面があることに注意する必要がある。

（3）友人関係と学業達成

　学級における友人関係の形成は、単にいっしょに遊ぶ人ができたということにとどまらず、児童・生徒の行動、動機づけ、学級への適応、人格形成などにも関係している。また、友人とのかかわり合いは、教え合いや情報交換という形で、学習を活性化する役割も担っている。さらに、授業や活動の中で児童・生徒たちがお互いの活動の様子を観察・模倣（モデリング）する学習を行っていることがある。

　学習のやり方を学ぶときに、児童・生徒にとって友人は、日常的なかかわりが多く、教師や親などの大人と違い、相談しやすくモデルにしやすい

存在である。そして、友人の存在は、学習や活動で困難に直面した際に、精神的な安定を与えてくれる存在であり、困難を乗り越える力を得ることができるのではないかと考えられる。

3　友人関係形成の過程

学級における他の児童・生徒との友人関係の重要性については、先に説明してきた。以下では、この友人関係が小学校入学以降にどのように形成されていくか説明していく。

小学校低学年までは、学級や近所の児童・生徒は、「みんなと仲よし」という感覚である。それが、小学校も半ばになると、友達が絞り込まれ、友達グループが特定の成員で構成されたものになっていく。

（1）ギャング・グループ

まず作られる友達グループは、ギャング・グループである。このグループは、小学校中学年から高学年頃に作られる。特徴は、外面的な同一行動により一体感を持つものであり、4～8人くらいの同性グループである。他人や大人の干渉を嫌う、同じ秘密を持つ仲間である。ギャング・グループでは、親や教師の承認よりも仲間の承認を重視する。たとえば、小学校高学年になると、ある課題を達成しようとする際には、教師よりも友人に依存するようになる。また、教師に対して不満、反抗、嫌悪という否定的な気持ちが強くなる傾向にある。

ギャング・グループでは、集団に属することへの誇りを感じることができ、共同・助け合い・忍耐力などを体験的に学べる。このようなギャング・グループでの体験は、青年期に友好的な人間関係を築く基礎になる。

なお、ギャング・グループの成立には、遊ぶことが必要である。遊びには、遊びたいという気持ちがある、遊びの時間がある、遊び仲間がいる、遊び場がある、という四つの要素が必要である。しかし、近年は、塾や習い事で放課後の自由時間が減っていることや、都市部では自由な遊び場の確保が難しいなどの理由から、これらが十分に満たされることが難しい。

それゆえ、学級での活動や休み時間などで同級生とかかわる機会が、遊びの経験として重要になってくるものと考えられる。

（２）チャム・グループ
　ギャング・グループの次に作られる友達グループは、チャム・グループで、中学生頃に作られる。特に、女子生徒で顕著である。
　このグループの特徴は、内面的な類似性の確認により一体感を持つことで、いわゆる「仲よしグループ」である。趣味やクラブ活動などで結ばれ、境遇、生活感情などを含めて、お互いの共通点、類似性を言葉で確かめ合うのが基本である。

（３）ピア・グループ
　チャム・グループの次に作られる友達グループはピア・グループで、高校生頃に作られる。特徴は、内面的にも外面的にも、お互いに自立した個人として、違いを認め合ったうえで共有できる関係ということである。つまり、①チャム・グループの関係のうえに、互いの価値観や理想、将来の生き方などを語り合う、②異質性をぶつけ合い、他との違いを明らかにしつつ、自分の中のものを築き上げていく、ということが目標となる。そして、異質性を認め合い、違いを乗り越えたところで、自立した個人として共に存在することができることを目指すグループである。

（４）チャム・グループとピア・グループの違い
　中学生くらいで起きる子どもどうしのいざこざは、チャム・グループを志向する児童・生徒とピア・グループを志向する児童・生徒の衝突によることが少なくない。この原因は、チャム・グループが同質を確認し合う集団で、ピア・グループが異質を尊重し合う集団という違いが背景にあるからである。また、ピア・グループを志向する子どもは、チャム・グループ志向の子どもよりも精神的に大人であることが多い。このため、ピア志向の子どもは、チャム志向の子どもとのギャップを敏感に感じながら、我慢

して苦しい思いをしていることが多い。そこで、教師や親など周囲は、ピア志向の子どもに対して、無理に周りの子どもに合わせさせないようにする配慮が必要である。

黒澤幸子（1959-）は、子どもがピア・グループ志向に移行した際のサインを次のようにまとめている（『指導援助に役立つ…』）。

①同世代集団のグループと趣味や話が合わなくなる。
②秀でた能力、興味・関心、趣味を持っている。
③個性的な成長をしている。
④無理に合わせると疲れて、不自然になる。
⑤友達グループからは、生意気と注意される。
⑥友達グループの秘密から外される。
⑦友達グループの話に入れない。
⑧友達グループに入れない自分に非があると感じる。
⑨友達グループ外の、もっと視野の広い友人を求めるようになる。

（5）親友との出会い

これまで説明してきたような友達とのつきあいの中で、単にいっしょに遊ぶことから、相談をしたり励まし合ったりするような相互の信頼関係へ、そして少数の親しい友達ができていく。これは、「親友」という思春期的な友人関係である。親友という特別に親しい友人とのつきあいが、友人関係で得られる思いやりや集団規範などをさらに強めていく。

第4節　まとめ～友人関係形成の援助

以上のように、子どもどうしの友人関係は、学級への適応、道徳性や社会性という思いやりの気持ちや学習への関心・意欲、その結果として学業成績というように、さまざまなことに影響を与えている。このような友人関係に教師ができる指導や援助としては、次の2点が考えられる。

1点目は、対象となる子どもがどのような友達グループを志向する段階にいるかを把握したうえで、子ども指導を行うことである。前述のように、ギャング・グループ、チャム・グループ、ピア・グループというどの友達グループを志向するかによって、友人関係のあり方が変わってくる。ただ、仲よくしなさいというだけではなく、背景にある志向を理解したうえでの指導が望まれる。

　2点目は、学級での学習や課題場面で、子どもどうしが積極的に相互作用を持てるような協同学習を導入することである。前述のように、子どもがお互いの様子を観察して学ぶことの有効性が考えられると同時に、放課後や休日の自由遊びの機会が減少している状況を補う意義もあるのではないかと考えられる。

【文献一覧】

石井眞治「教師期待効果」山本多喜司・山内 光哉編『発達心理学用語辞典』北大路書房、1991年、p.71

黒澤幸子『指導援助に役立つスクールカウンセリング・ワークブック』金子書房、2002年

高尾正「道徳行動の発達」新井邦二郎編著『図でわかる発達心理学』福村出版、1997年、pp.153-164

竹綱誠一郎「学級という社会」鎌原雅彦・竹綱誠一郎『やさしい教育心理学〔改訂版〕』(有斐閣アルマ) 有斐閣、2005年、pp.101-128

佐々木晃「遊びの発達」新井邦二郎編著『図でわかる発達心理学』福村出版、1997年、pp.47-58

中谷素之「仲間を育てる」河野義章編著『教育心理学：教職を目指す人への入門書〔新版〕』川島書店、2006年、pp.161-182

ブロフィ,J.E.・グッド,T.L.(浜名外喜男・蘭千尋・天根哲治訳)『教師と生徒の人間関係：新しい教育指導の原点』北大路書房、1985年

第10章 パーソナリティの問題と生徒理解

長尾　博

はじめに

　我々は、日常生活において性格についての関心は強く、それが対人関係や人間関係のあり方に影響を及ぼしているということについては、経験的に理解できる。

　本章では、パーソナリティとは何か、パーソナリティをとらえる視点、また、どのようにしてそれは形成されるのかについて触れ、さらに生徒の心を理解していくうえでパーソナリティと学校での適応・不適応との関係について触れていく。

第1節　パーソナリティとは何か

　宮城音弥（1908-2005）によれば、パーソナリティ（personality）とは、ヒト特有の行動の仕方、性格（character）と同じ意味ではあるが、性格は、他者と違っている点を強調する語であるのに対し、パーソナリティは、個人が同一で、統一を保っていることを強調する語であるという。パーソナリティは、人格とも訳される。

　また宮城は、図1に示すように、パーソナリティの構造を遺伝的なものから環境的なものまでの層としてとらえている。

　図1の気質・体質とは、先天的・遺伝的特徴（素質、性能など）であり、性格とは、主に乳幼児期の親子関係の影響を受けた内容を、習慣的態度とは、育った地域・文化の影響を受けた内容を、また、役割とは、社会的に果たす役割の特性のことをいう。

　フロイト（Freud,S.　1856-1939）は、図1に示す性格は、幼児期においてその基礎を形成し、成人になって完成し、40歳頃には強固になってその変化は生じないと述べている。

　また、パーソナリティは、個人の置かれた状況によって変化するという理由から、ミッシェル（Mischel, W.　1930- ）は、パーソナリティの存在を

図1 ●パーソナリティの構造

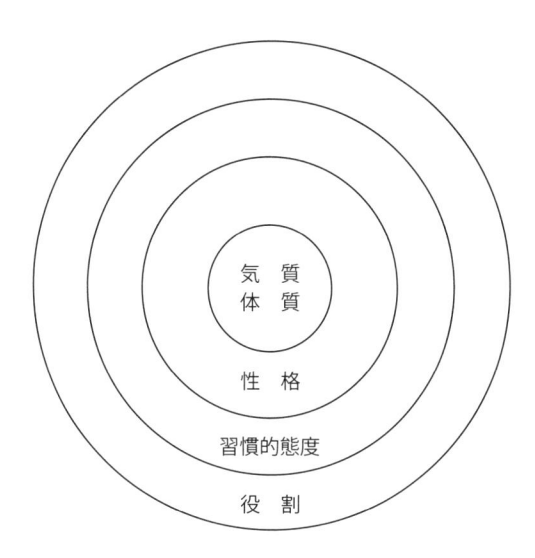

（中心から外へ）
気質／体質
性格
習慣的態度
役割

出典：『岩波小辞典』

否定しており、臨床家のロジャーズ（Rogers, C.R. 1902-1987）も、ヒトとの関係性の中で自己概念（self concept）は時とともに流動することから、パーソナリティを固定した見方でとらえることに異論を唱えている。

第2節　パーソナリティをとらえる視点

　心理学では、ヒトのパーソナリティをとらえていく視点として、①パーソナリティ理論に基づいて面接や観察によってパーソナリティをタイプに分ける視点、②心理テストを用いてパーソナリティの部分的特性の強弱から見ていく視点の二つがある。

1　パーソナリティをタイプに分けて見ていく視点

　類型論というとらえ方は、ヨーロッパにおいて古くからある視点である。その例としてクレッチマー（Kretschmer, E.　1888-1964）の体型とパーソナリティとの関係が挙げられる。彼は、細長型の体型の者は、非社交的、内向的、神経質な者が多いこと、肥満型の体型の者は、社交的、温厚、陽気な者が多いこと、また、筋肉質の体型の者は、几帳面、しつこい、頑固、爆発的な者が多いことを唱えた。

　また、ユング（Jung, C.G.　1875-1961）は、ヒトの心のエネルギーが、現実外界へ向けられている者を外向（extroversion）、精神内界へ向けられている者を内向（introversion）と名づけ、意識水準で外向的な者は、無意識水準では内向的であるという心のエネルギーの補償（compensation）を強調した。

　また、ユングの師であるフロイトは、心的エネルギーであるリビドー（libido）が発達上のある時期に固着（fixation）すると、あるパーソナリティが形成されると説き、**表1**に示すリビドーの固着という視点から三つのパーソナリティを挙げている。

　このようなパーソナリティをタイプに分けて見ていく視点については、今日では、わが国の食生活を踏まえると、クレッチマーの言う体型とパーソナリティとの関連は普遍的ではなく、ユングの内向・外向のパーソナリティ論は、心理テストによって明らかにされること、さらにフロイトの

表1●リビドーの固着から見たパーソナリティ

時期	暦年齢	リビドーの充当部位	パーソナリティ
口唇期	0歳～1歳6カ月	口唇	依存的、受身的、楽観的
肛門期	生後8カ月～3歳	肛門	几帳面、けち、潔癖
男根期	4歳～5歳	尿道、ペニス、性器	自己顕示性、強気、勝気

出典：『現代臨床心理学講座』

パーソナリティ論は、実証性が乏しいことなどから古いとらえ方であると見られている。

2　パーソナリティを部分的特性から見ていく視点

この方法は、指示的カウンセリング（directive counseling）の創始者ウィリアムソン（Williamson, E.G.　1900-1979）が、心理テストを用いてヒトの特性（trait）を明らかにしてカウンセリングを行ったことに始まる。

用いられる心理テストの種類は多く、アイゼンク（Eysenck, H.J.　1916-1997）のMPI（Maudsley Personality Inventory）、下田光造（1885-1978）のSPI（Shimoda Personality Inventory）、Y-G性格テスト（矢田部・ギルフォード性格テスト）などがあり、最近では、ゴールドバーグ（Goldberg, L.R.　1953-）が開発したビッグファイブテスト（Big5；外向性、協調性、勤勉性、情緒安定性、知性）が注

図2●パーソナリティの形成要因

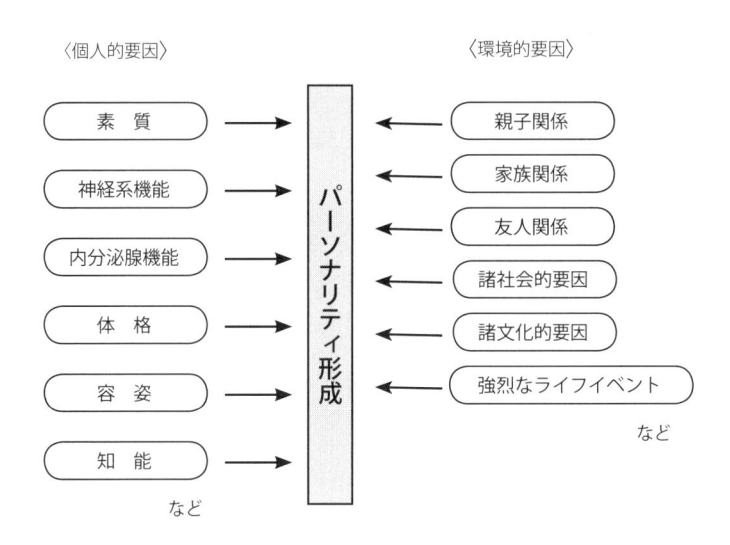

〈個人的要因〉　　　　　　　　　　　〈環境的要因〉

- 素質　→　　　　　　←　親子関係
- 神経系機能　→　パ　←　家族関係
- 内分泌腺機能　→　ー　←　友人関係
- 体格　→　ソ　←　諸社会的要因
- 容姿　→　ナ　←　諸文化的要因
- 知能　→　リ　←　強烈なライフイベント
　　　　　　　ティ
　　　　　　　形
　　　　　　　成
など　　　　　　　　　　　　　　　　　など

出典：『新教育心理学』

目されている。

心理テストによってパーソナリティの特性をとらえる方法は、心理テストの枠内での特性は見ることができるが、個人の全体像や独自性の把握は困難なことが指摘されている。

3　パーソナリティの形成要因

図1と関連し、パーソナリティが形成される規定要因は多くある。**図2**は、パーソナリティが形成される要因をまとめたものである。

図2の左側は、個人的要因であり、右側は、環境的要因である。これらの要因のうち、臨床心理学・発達心理学では、既述したように、乳幼児期の親子関係のあり方がパーソナリティ形成上に大きな影響を及ぼしていることが強調されている。一方、社会心理学では、学童期の友人関係のあり方が強調され、また、社会学や文化人類学では、どのような地域・文化で生活をしたかが大きな要因として注目される。さらにストレス研究においては、人生におけるライフイベント（life events）の衝撃度がパーソナリティ形成上に影響を及ぼすことが注目されている。

表2 ●適応・不適応をとらえる基準

基準	説明
(1)平均的基準 （統計的）	一定のグループの中で、メンバーの多くが示す行動や精神状態を正常と考え、逆に平均値より一定の範囲でずれている者を異常（問題）とする。
(2)病理的基準	異常の生じる基礎に病理的所見を考える。
(3)価値的基準 （対人的）	その社会やグループの規範に合致しない行動、もしくはある人の利益に反する行動をとる場合、問題ありとする。
(4)発達的基準	ヒトの発達基準にのっとり、正常か異常かを考える。

出典：『現代臨床心理学講座』

第3節　適応・不適応と生徒理解

　学童期・青年期にある児童・生徒の心を理解していく場合、心が発達変化している時期にいることから児童・生徒の固定したパーソナリティは何かという視点よりもむしろその児童・生徒が学校に適応（adjustment）しているかどうかという視点のほうが重要である。

　適応とは、環境に適合し、しかも単に生存を維持することではなく、主体的に環境に対して働きかけていく営みのことをいう。また、不適応（maladjustment）とは、適応がうまくいかないこと、つまり、現実外界と協調できず、個人の持つ欲求や目標が達成されないことをいう。

　適応に似た語として順応（adaptation）という語があるが、順応は個人が環境へ受け身的に応じることをいう。

　適応・不適応をとらえる基準、あるいは心の正常・異常をとらえる基準としては**表2**に示す四つの基準がある。

　(1)は、数のうえで平均を基準にして見ていくものであり、(2)は、臨床家が診断（diagnosis）をしていく基準を、(3)は、何が良いか悪いかという価値観を基に見ていく基準、また(4)は、暦年齢や発達的に見て相応しているかどうかという基準である。

　学校において、いじめ、不登校、非行などの不適応行動を見ていく場合

表3●「病」という語の意味について

英語の「病」という語	説明	例
(1) disease	臨床家がとらえる「病」であり、かなり測定可能なもの	心理テスト・心理面接でとらえられる
(2) illness	個人が経験し、主観的にとらえる「病」	極端な例として心気症がある
(3) sickness	(1)と(2)によって社会的役割に支障を招いていることを強調する	社会復帰が困難なクライエントの病

出典：『現代臨床心理学講座』

表4●心の健康性の定義

提唱者	心の健康性の定義
マズロー,A.H.の 「自己実現する」人の定義 (『完全なる人間』)	① 現実について妥当な知覚 ② 人間性の諸現実（自己、他者）に関する高度の受容 ③ 友人や愛する人々との親近関係 ④ プライバシーの要求 ⑤ 社会的感情 ⑥ 敵意を含まないユーモア ⑦ 民主的な性格構造 ⑧ 強い倫理観 ⑨ 洗脳的働きかけに対する抵抗 ⑩ 自発性 ⑪ 問題中心性 ⑫ 連続的評価の新鮮さ ⑬ 神秘的体験 ⑭ 創造性

出典：『現代臨床心理学講座』

には、置かれた環境とともに、生徒個人について、特に**表2**の（2）の正常→神経症的→神経症（neurosis）→パーソナリティ障害（personality disorder）→精神病（psychosis）という病態水準（psychopathology）から、あるいは（4）の発達水準（development）から見ていくことが多い。

前者の病態水準という視点は、「病」に関する視点であり、この「病」にも、**表3**に示す三つがある。（1）は、客観的に診断できるdisease、（2）は、主観的でその人でしか説明できないillness、そして（3）は、社会的に役割がない、社会へ入れないというsicknessである。

また、後者の発達水準については、**表4**に示すような心の健康性（mental health）が関連しており、マズロー（Maslow, A.H. 1908-1970）は、自己実現（self actualization）への欲求を強調している。

不適応を見ていく場合には、その成因として**図2**に示す個人的要因が強いのか、それとも環境的要因が強いのかを判断（assessment）して適応へと支援していく。後者の環境、特に親子関係や友人関係の改善をねらうことを環境調整（environmental manipulation）という。小学生や中学生の不適応行動に関しては、この環境調整を行うことが多い。

おわりに

　今日の教育心理学では、パーソナリティに関して、児童・生徒が心の発達途上であることから児童・生徒のパーソナリティは何かという固定した見方より、自動・生徒の持つ特性から心を見ていくことが多い。

　昨今では、プラスの側面の特性として、ローゼンバーグ（Rosenberg, M. 1922-1992）の言う自尊感情（self esteem）、バンデューラ（Bandura, A.1925-）の言う自己効力感（self efficacy）や楽観主義（optimism）、自己統制力（self control）、あるいは小塩真司（1972-）らの言う精神的回復力や弾力性を意味するレジリエンス（resilience）などが注目されており、また、マイナスの側面の特性として、自己愛（narcissism）や完全欲（perfectionism）の強さがと特に注目されている。

【文献一覧】

アイゼンク, H. J.（MPI研究会訳編）『日本版モーズレイ性格検査手引』誠信書房、1984年

小塩真司他「ネガティブな出来事からの立ち直りを導く心理的特性」『カウンセリング研究』35巻、2002年、pp.57-65

クレッチメル, E.（相場均訳）『体格と性格：体質の問題および気質の学説によせる研究〔1955年版〕』文光堂、1960年

下田光造『精神衛生講話』〔上巻〕同文書院、1957年

昇地三郎・長尾 勲・昇地 勝人・柳井 修・武田 忠輔編『新教育心理学：立体的・多角的に学べる』ナカニシヤ出版、1987年

田中宏尚「SPI性格検査法」『心理臨床』2巻、1988年、pp.171-174

長尾博『現代臨床心理学講座：心理臨床から臨床心理学へ』ナカニシヤ出版、2001年

バンデューラ, A.（原野広太郎・福島修美訳）『人間行動の形成と自己制御：新しい社会的学習理論』金子書房、1974年

フロイド, S.（懸田克躬訳）『性慾論〔改訂版〕』（フロイド選集第5巻）日本教文社、1953年

マスロー, A.H.（上田吉一訳）『完全なる人間：魂のめざすもの〔第2版〕』誠信書房、1964年

ミッシェル, W.（詫摩武俊監訳）『パーソナリティの理論：状況主義的アプローチ』誠信書房、1992年

宮城音弥『岩波小辞典心理学〔第3版〕』岩波書店、1956年

ユング,C.G.（高橋義孝訳）『人間のタイプ』（ユング著作集1）日本教文社、1957年

ロージャズ, C. R.（畠瀬稔編訳）『人間関係論』（ロージャズ全集第6巻）岩崎学術出版社、1967年

Goldberg, L.R."An alternative description of personality," *Journal of Personality and Social Psychology*, 59, 1990, pp.1216-1229

Rosenberg , M., *Society and adolescent self image*, Princeton University Press. 1965

Williamson , E.G., *How to counsel students*, McGraw-Hill, 1930

第11章

問題行動と教育相談

米田　薫

はじめに

　問題を抱える子どもやその保護者への指導・援助は、学校における重要な課題の一つである。本章は、現代に生きる子どもたちの問題行動を概観し、教育心理学がいかに貢献できるかを考える。

第1節　問題行動の理解と支援

1　問題行動とは

　子どもの抱える問題は、「生きていくのがつらい」といった内面的な問題から、社会規範に反する行動まで幅広い。問題行動とは、子どもの健全な発達を阻害する行動全般を示す概念で、反社会的問題行動と非社会的問題行動に二分できる。前者は、不適応行動の現れ方が外に向けられ、社会が迷惑を感じ、非とする行為、いわゆる非行である。暴力・危険行為やいじめ、喫煙、飲酒、薬物乱用、恐喝、盗難・窃盗、金銭的な問題、性的な逸脱行為、深夜徘徊、暴走、無断外泊、家出、家庭内暴力などを指す。後者は、不適応行動の現れ方が主に内に向けられた、自己の健全な発達を妨げる行為で、不登校や選択性（場面）かん黙、学習不振、自傷行為、自殺、うつ病や摂食障害などの精神疾患などを指す。虐待は子ども本人に起因しないが、問題行動として扱うことがある。

2　問題行動の諸相

　生活習慣の確立が重要な幼児期は、排便、睡眠、食行動にかかわる問題行動、児童期は選択性（場面）かん黙や吃音、チック、学業不振などの学校の適応に関する問題行動、自我の確立が発達課題となる青年期には、不登校、自傷行為、非行といったように、各発達段階によって見られやすい問題行動もある。その内容は多岐にわたるが、代表的なものを概観する。

(1) いじめ

　統一した定義はないが、文部科学省は「当該児童生徒が、一定の人間関係のある者から、心理的、物理的な攻撃を受けたことにより、精神的な苦痛を感じているもの」としている。わが国では1980年代から、ほぼ10年ごとに3回にわたり大きく社会問題化しているが、同省の統計は教員がいじめと判断して報告した認知件数であり、発生件数は不明である。

　いじめの構造については、被害者と加害者の二者関係だけではなく、その周囲で面白がって見ている「観衆」層、さらにその外側にいて見て見ぬふりをしている「傍観者」層の4層構造を形成していることが指摘されている（『いじめ：教室の病い』）。

　対応の方針は、1980年代には被害者のケアが重点であったが、1990年代は加害者への介入、2000年代に入ると子ども集団全体への取り組みの必要性が認識されるようになり、実践研究レベルの改善が図られてきた。しかし、それが全国的に継続した取り組みになっているとは言い難い現状にある。また、近年ではネット環境を利用したいじめにも留意する必要がある。

＜対応＞
・日頃から「いじめは許さない」という大人の一貫した姿勢を示す。
・アンケートや個別面談を定期的に実施して早期発見に努める。
・発見した場合は被害者の救済を最優先させるが、加害者やその周辺の子どもにも慎重かつ厳正に指導する。
・集団づくりや社会性・共感性・道徳性・攻撃性を自己コントロールする教育、多様性を受け入れる人権教育などの開発的取り組みを推進する。

　「悪いこと」という認識はあるが「見ていて面白い」と答える子どもが少なくない事実は、認知面に訴えるだけではなく、感情に訴え、行動する取り組みの重要性を示唆している。良好な人間関係と民主主義に貫かれた魅力ある学校づくりが、最大の未然防止の取り組みであることは、どの問題行動の対応とも共通するが、犯罪レベルのいじめ行為は、法に基づいた対処に委ねるべきである。

(2) 不登校

　文部科学省は「何らかの心理的、情緒的、身体的あるいは社会的要因・背景により、登校しない、あるいはしたくともできない状況にあるため、年間30日以上欠席した者のうち、病気や経済的な理由による者を除いたもの」と定義し、疾患ではなく状態像を示す。同省の2010年度調査によれば、不登校生の出現率はこの数年間、ほぼ横ばい状態で、実数は小学生約2.3万人、中学生9.7万人、高等学校5.6万人である。小・中学校では学年を追うごとに増え、小学6年生から中学1年生の間で3倍に増加するが、高等学校では中途退学を余儀なくされるので1年生をピークに減少する。前年度から不登校が継続する子どもが小学校・高等学校で4割、中学校で5割程度いるが、年度の早い時期から欠席しやすい傾向にある。

　原因は、学校生活、家庭生活、本人にかかわる問題、社会環境に起因するものが考えられる。症状として、不定愁訴や不安・恐怖、強迫症状、抑うつ症状などを示すことがある。

　＜対応＞

　初期対応に当たる学校は、支援を体系化・組織化することが求められる。たとえば、連続2日、1カ月に3日間の欠席や不登校体験のある子どもを把握し、個々の援助チームを構成し、理由が不明確な欠席があれば直ちにかかわるといった早期発見と適切な対応ができる校内体制である。

　早期対応にもかかわらず欠席が継続する場合、支援は段階的に進める。まず、子どもの気持ちを受け止めて良好な人間関係を築き、次に生活面の充実を徐々に図り、ある程度回復した段階から学校復帰を含めた生き方を共に考え、自律的な行動を支援する。スクールカウンセラーなどの校内の援助資源だけでなく、適応指導教室（教育支援センター：原籍校に復帰する準備段階として通える教室で、地方自治体の教育委員会が設置している）などの教育相談機関や医療機関、福祉機関と連携して多面的に支援する。支援の目標と計画を共有し、効果を測定しつつ支援する。

　未然防止には、触れ合いのある人間関係と規律のある集団づくり、能動的・意欲的に学べる授業、充実感や達成感を味わえる学校行事やクラブ活

動、生き方・あり方を考えるキャリア教育の推進が求められる。

(3) 学級崩壊

学級崩壊とは、子どもたちが教員の指導に従わず、授業が成立しないなどの、学級がうまく機能しない状態が一定期間継続している状態をいう。

1990年代半ばから注目されるようになり、原因として、①不適切な学級経営や生徒指導体制などの学校要因、②社会性や自己統制力が乏しいなどの子どもの要因、③十分な養育を受けていないといった家庭状況、④社会の規範意識の低下や子どもの周辺環境の悪化などの社会状況が考えられる。

＜対応＞

国立教育政策研究所の「学級運営等の在り方についての調査研究」は、早期の実態把握と早期対応、実態を踏まえた魅力ある学級づくり、協力的な指導体制の確立と校内組織の活用、保護者らとの緊密な連携と一体的な取り組み、教育委員会や関係機関との積極的な連携を挙げている。

(4) 暴力行為

子どもが故意に有形力（目に見える物理的な力）を加える行為で、教職員への暴力、生徒間の暴力、子どもや教職員以外への対人暴力、器物損壊がある。文部科学省の調査によれば、発生件数は中学校が多いが、小学校でも増加傾向にあり、早期からの予防的取り組みが求められる。

＜対応＞

・暴力は人権を侵害する行為でもあり、絶対に許されないという認識を大人が共有して取り組む。
・被害者の救済とともに、加害児童生徒に毅然と組織的に対応する。
・指導は、きめ細かい客観的な理解に基づき、信頼関係が醸成される対話を継続する。

上記を可能とする教職員の一致協力した指導体制を確立しておく。

(5) 非行

わが国が規定する非行少年は、20歳未満で罪を犯した「犯罪少年」、14歳未満で刑罰法令に触れる行為をした「触法少年」、20歳未満で刑罰法令に触れる行為をするおそれがある「ぐ犯少年」に分類されている。警察庁「少年非行情勢」（2013年）によれば、検挙・補導人員は減少傾向にあるが、低年齢化の傾向や再犯者率の上昇が報告されている。刑法犯少年の非行内容は窃盗が圧倒的に多く、ぐ犯少年は深夜徘徊・喫煙が主となっている。

＜対応＞

「生徒指導提要」は、正確な事実の特定、本人や関係者の言い分の聞き取りと記録、非行の背景を考えた指導、被害者を念頭に置いた指導が挙げられており、親と子、教員と児童生徒の「絆」の大切さを強調している。

第2節 教育相談

1 教育相談の定義と歴史

生徒指導は、「一人一人の児童生徒の人格を尊重し、個性の伸長を図りながら、社会的資質や行動力を高めることを目指して行われる教育活動」（「生徒指導提要」）であり、学校教育にとって学習指導と並ぶ重要なものである。一方、学校における教育相談は、子どもがその発達に即して自己理解を深め、よい人間関係を築き、社会に適応して人間的に成長するための援助活動である。生徒指導と教育相談は対立する概念ではなく、生徒指導の中心的役割を担うものとして位置づけられる。

わが国の教育相談は、1940年代に専門機関による活動として着手され、その後、1960年代には全教師が行うべき活動が目標とされ、「問題行動の治療」と「健全な成長の促進」の双方をつかさどるものを目指すようになった。1980年代には交流分析、論理療法などの新たな理論が取り入れられる一方、構成的グループエンカウンターなどの予防的・開発的な実践が

拡大し、1990年代にはソーシャルスキル教育などの導入へと発展する。また、チーム支援を重視する考えも打ち出され、2000年代にはキャリア教育や特別支援教育の充実が志向され、取り組まれる領域が拡大した。また、1995年度から臨床心理士を主とするスクールカウンセラーの配置が推進された。

2　教育相談の領域と機能

　教育相談は、学業、キャリア、個人―社会の適応の領域で支援する。

　学業領域は、学習意欲の喚起、思考力や判断力、技能・表現力の伸長、学習習慣の獲得、学習方法の改善などを支援する。子どもの現状をアセスメントし、学業面の発達を保障する目標と計画を立案・実施・評価する。

　キャリア領域は、勤労観を含めた生き方や人間としてのあり方を見つめ、主体的な選択で幸せな人生を築くために支援する。2006年に文部科学省が作成した「キャリア教育推進の手引」では、キャリアとは「個々人が生涯にわたって遂行する様々な立場や役割の連鎖及びその過程における自己と働くこととの関係付けや価値付けの累積」、キャリア発達とは「自己の知的、身体的、情緒的、社会的な特徴を一人一人の生き方として統合していく過程」と定義され、発達段階に応じた小・中・高等学校を通じた組織的・系統的な取り組みが求められている。

　個人―社会の適応領域とは、特別支援教育の対象となっている子どもたちや、不適応、非社会的行動、パーソナリティ、健康・体力面での課題を抱える子どもをサポートすることを目的とする。個人の発達上の問題として支援するだけではなく、グループやクラス、学校全体の組織の相互作用を考慮した個と集団への取り組みが欠かせない。

　また、教育相談の機能は、問題解決的機能、予防的機能、開発的機能に分類できる。

　問題解決的機能は、いじめや不登校といった顕在化している心理的・発達的問題に介入する機能で、問題を起こしている子どもや保護者・教員が対象である。基本的対応は「受け止めることと、時機を得た後押し」であ

図●教育相談の領域と機能

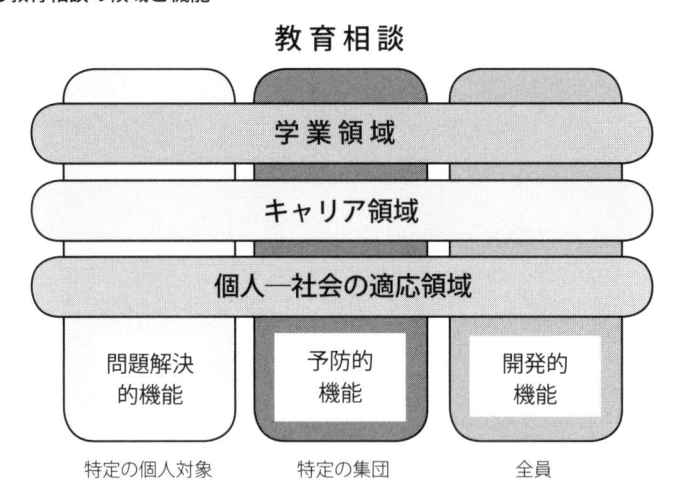

教育相談

- 学業領域
- キャリア領域
- 個人―社会の適応領域

問題解決的機能	予防的機能	開発的機能
特定の個人対象	特定の集団	全員

(筆者作成)

る。たとえば、虐待を受けたり性の問題行動などを抱える子どもには、他者を巻き込む行動化を頻繁に示すことがある。安定した愛着関係を形成することが困難であった生育歴を有するのであれば、それを理解して受け止める一方、子どもの「真の願い」を引き出し、その実現に向けて、アセスメントに基づいた認知や行動の修正・拡大に取り組むのである。

　予防的機能とは、将来的に問題を持つ可能性の高い一部の子どもや保護者、教員を早期発見し、問題の顕在化を防ぐ機能である。

　開発的機能とは、全ての子どもや保護者・教員を対象とし、多くの人間が遭遇する発達上の課題を自ら解くことができるように支援する機能である。自他発見を深めて人間関係を築きながら人間的成長を図る構成的グループエンカウンターや社会性の習得を目指すソーシャルスキル教育、上質な仲間関係を構築するためのピアサポート、社会性や感情を学ぶSEL、世界保健機構が提唱する青少年の心の健康を増進するための10のスキルを学ぶライフスキル、道徳的実践力を重視する品格教育などがこれに当たり、道徳教育や特別活動の実践として進められている。キャリア教育も、開発的機能を果たす取り組みと言える（図）。

3　学校における教育相談の組織と活動

　教育相談を学校で効果的に実施するために、教育相談を校務分掌に位置づけ、委員会組織で全校の教育相談の年間計画を立案し、運営する。この際、学校での教育相談の限界を踏まえ、教育センターや児童相談所、医療機関などとの適切な連携やリファー（委任）を行うなど、役割と責任を明確にしておくことが、良い支援につながる。

　活動は、個別面談やアセスメントだけではなく、子どもの支援に当たる異なる専門性を有するメンバーから成る「作戦会議」を企画・運営するコンサルティング、スクールカウンセラーの活用や校内外の関係者との連絡・調整を図るコーディネーティングといった相談活動のほか、教職員研修や教育相談週間などの年間計画の立案・運営、相談関係情報の提供や広報活動、相談室の管理・運営、調査・研究といった活動を行う。

4　教育相談の方法

　教育相談は基本として、①問題の明確化、②目標の設定、③複数の解決案の案出、④解決案に関する長所・短所の検討、⑤実行計画の決定、⑤実施後の評価とそれに伴う今後の計画の修正、の流れで進める。

　面接を進めるためには、インテーク（初回面接）段階に信頼関係を築くことに留意し、必要な情報を得るためにアセスメントする。アセスメントは、問題を解決するために資する心理面、学習面、社会生活面、健康面、機能面などの要因のデータを評価し、適切な介入を行う目的で実施する。主な方法として、観察法、面接法、検査法があるが、複数の適切な手法で実施することが望まれる。

　個別面談は、限られた時間で相談者に満足が得られるように、面接理論と技法に習熟しておくことが望まれる。カウンセリング理論には、解決志向アプローチ、認知行動療法、来談者中心療法、交流分析、精神分析的カウンセリングなど、多くの理論がある。実際には、一つの理論の方法論にとらわれすぎることなく、ケースに応じて折衷的に用いられることもある。

折衷的な対応の一例を示す。

　まず、相手の身になる努力をする。相手の願いや気持ちを分かろうとして聞くことである。それには、特定の価値観に固執するのを一旦はやめること、できれば子どもの生活環境についても把握しておくこと、援助者自身の体験を豊かにすることが肝要である。また、中高生はキャリア問題にかかわったり、保護者の相談は子どもの発達にかかわることもあることに留意し、必要であれば専門性の高いスタッフや進路・教育相談・医療・福祉機関などにリファー（委任）することも考慮する。

　次に相手に役立つことをいっしょに考えるために話し合う。これからのあるべき行動を質問しながら複数の選択肢を案出し、選択を促すことでその子どもの自立した望ましい行動を引き出す。

　最後の段階では、指導を入れるために教員の気持ちと考えを自己開示して打ち出す。子どもを育てる立場にある教員がなすべき教育相談は、必要なときには打って出ることをためらってはならない。

第3節　子どもの問題に向き合う方策

1　三つの方策を実施する

（1）未然防止

　種々の問題行動に向き合うための方策は、以下の3点に集約される。

　まず、未然防止である。それには「魅力ある学校づくり」が要となる。子どもたちの「居場所」となり、「面白くてためになる」学びと充実感が得られる学校である。ストレスに強い人間は、コーピングスキル（対処する方法）とソーシャルサポート（良い人間関係の絆など）がある。一人では抱えきれないつらさを友達や家族、教員の誰かに、できれば複数の人間に相談できることは、健康的な人生を過ごすうえで重要である。細やかな個へのかかわりと学級集団づくりは、教育相談の両輪となる。

表●学級担任向け「子どもとクラスのチェックシート」の例

子どもの行動チェックポイント

	始業時や授業の遅刻・早退や欠席日数の増加
	挨拶の声が小さくなった、目を見て話さなくなった
	言葉遣いが粗雑になる
	教科書や教材・用具などの忘れ物が増えている
	未提出の課題や宿題が増えている
	机席やロッカー、持ち物が、隠されたりいたずらを受ける

クラス集団チェックポイント

	清潔な環境の維持が難しくなっている
	係活動がうまく機能していない
	休息時間に教室にいる子どもの数が減る
	授業の準備集中ができない子どもが増えている
	教員の言動に、不満や反抗的態度を示す子どもが増えた
	仲よしグループ間やその中での対立やトラブルが増えた
	「まじめ」が成立しない・忌避される

(筆者作成)

(2) 早期発見

　次に、早期発見と適切な対応である。とはいえ、実際には問題事象に対して「後手」に回ることがある。それを防ぐには、教員が研修を積んで子どもの変化に気づく資質を高めることや、「いじめアンケート」のように学校組織として定期的にチェックする方法がある。簡便な方法として、クラスの出席簿の見返し部分に**表**のようなチェックシートを添付しておき、学年会議などの場で観察した結果を共有しておく方法がある。

(3) 再発防止

　問題行動が収束すれば、再発防止に取り組む。「内からの歯どめ」と

「外からの歯止め」がかかるように、個と集団の両面へアプローチする。問題行動は、本人も気づかないなんらかのサインであることもある。万引きをした子どもと話し合うと、規範意識が弱いだけでなく、保護者の過剰な期待がつらかったり、その期待に応える過密なスケジュールの、塾や習い事で追い詰められていたり、学校で友人と共通の話題が持てなくて孤立しているといった状況が見えてくることがある。子どもが抱えている問題の「氷山の一角」が万引きという形で表れているわけである。再発防止のために、中・長期的にどう支援していくかを考える必要がある。併せて、学校組織や制度の見直しが必要なこともある。

2　先行研究を踏まえて組織として対応する

自傷行為に対しては「相談できたことを評価する」「信頼関係を築き、心配していることを伝える」「（自傷行為を）しない約束ではなく、次回の面談の約束をする」、場面かん黙に対しては「子どもの恐怖感を理解する」「信頼できる二者関係を築く」、学級崩壊に対してはルールとリレーション（良い人間関係）が確立されているかをアセスメントして手だてを立てるなど、問題行動については実践研究レベルでエビデンスが示されている効果的な対応が、文献やネット情報で入手可能であることが多い。教育相談は、経験と勘によって対応するのではなく、外部機関との連携を含め、先行研究を踏まえたうえで組織として支援計画を立案し、中間評価を交えて進めていくことが求められる。

3　統計に惑わされない

暴力行為やいじめ、不登校などの問題行動は、行政機関から全国統計値が発表されている。多くは「大人」から見た認知件数であり、実際の発生件数を正確に示しているとは限らない。統計数値が減少したり、報道が下火になったからといって、取り組みレベルを下げてよいわけではない。

おわりに

「ネットいじめ」のように、問題行動は社会の変化や子どもの変化とともに変化するであろうことを念頭に置き、一方で相互の信頼関係を築いたうえで支援するという教育相談の基本は堅持し、教員は子どもの幸福の実現に向けて、教育活動を展開することが必要である。

【文献一覧】

上地安昭編著『教師カウンセラー・実践ハンドブック：教育実践活動に役立つカウンセリングマインドとスキル』金子書房、2010年

河村茂雄『学級づくりのためのQ-U入門：「楽しい学校生活を送るためのアンケート」活用ガイド〔第2版〕』図書文化社、2006年

国立教育政策研究所生徒指導研究センター編「『学級運営等の在り方についての調査研究』報告書」2005年

ダグラス,J.・バレント,W.他（松本俊彦監訳）『学校における自傷予防：「自傷のサイン」プログラム実施マニュアル』金剛出版、2010年

日本学校教育相談学会編著『学校教育相談学ハンドブック』ほんの森出版、2006年

森田洋司・清水賢二『いじめ：教室の病い〔新訂版〕』金子書房、1986年

文部科学省初等中等教育局『生徒指導提要』教育図書、2011年

米田薫『厳選！教員が使える5つのカウンセリング』ほんの森出版、2007年

第12章

障害児の心理と教育

橋本和幸

はじめに〜障害とは何か

　障害とは、疾患や外傷、先天的な問題などの結果起こった、「生活上の困難・不自由・不利益」である。世界保健機構（WHO）は、疾患などで身体や知的機能に起きる機能・形態障害（1次的障害）が生じ、そのために日常生活行為などがスムーズに行えない能力障害（2次的障害）が起きて、仕事や家庭での役割を喪失する社会的不利（3次的障害）を被ると定義している。つまり、身体や知的機能の変化にとどまらず、社会生活の変化という観点も含めて考えられている。

　学校現場で対応が必要になる障害としては、発達障害が考えられる。発達障害とは、文部科学省は「自閉症、アスペルガー症候群その他の広汎性発達障害、学習障害、注意欠陥多動性障害その他これに類する脳機能の障害であってその症状が通常低年齢において発現するものとして政令で定めるもの」（「発達障害の法令上の定義」）としている。さらに、「基本的に、従来から、盲・聾・養護学校、特殊学級、もしくは通級による指導の対象となっているもの」（『2005年4月1日付け17文科初大211号』）として、教育上配慮が必要な発達障害を広範囲に想定している。

第1節　障害の種類

　発達障害について、個別にその定義と特徴を以下で説明していく。まずは、従来から、盲・聾・養護学校、特殊学級もしくは通級による指導の対象となっている障害は、精神遅滞、視覚障害、聴覚障害、肢体不自由、病弱・虚弱、情緒障害、言語障害などが考えられる。その出現率は、精神遅滞が大半であり、重度の場合、二つ以上の障害（重複障害）を持つ。

　本稿では、まず精神遅滞について紹介する。続いて、自閉症（アスペルガー症候群を含む）、学習障害、注意欠陥多動性障害について紹介する。自閉症、学習障害、注意欠陥多動性障害は近年、知的な問題はないが学習や

行動面での問題が生じやすい障害として注目されている。

1 精神遅滞について

　精神遅滞は「明らかに平均以下の知的機能であること、適応機能がその子どもの年齢に対して期待される水準より低いこと、および18歳未満の発症であることの3つの基準により診断される」（『発達障害の臨床心理学』p.11）もので、知的障害ともいわれる。出現率は、人口の2.3％程度とされる。

　知的機能は、知能検査によって得られる知能指数（IQ）により評価される。IQは、検査で得られた精神年齢という数値を実際の年齢で割り、それに100を掛けると算出できる。そして、100でその年齢相応の知的機能を持つことを意味し、およそ70以下の場合に障害があると考える。知的機能は、学力ばかりではなく、日常生活で物事を判断するときにも用いる。

　適応機能は、学校や社会などの集団の中で、ルールや周りの様子や状況を理解し、それらに自分の行動を合わせる能力である。

　知的機能と適応機能の問題は、「言葉や文章の表現や理解」「お金の計算や時間の計測」「相手の行動を見て、自分を守る対応をする」ことが同年代のようにはできないことにつながる（『ふしぎだね!?アスペルガー症候群「高機能自閉症」のおともだち』）。

　なお、IQが70〜85程度の場合、境界線級とされるが、IQ70以下の場合ほどは困難さが見えにくいため、支援を受ける対象になりにくく、通常学級の中で十分に理解できないまま、学習や集団活動に参加している（その場にいるだけ）ケースも多々見られる。

2 自閉症・アスペルガー症候群について

　文部科学省は、自閉症を「3歳位までに現れ、①他人との社会的関係の形成の困難さ、②言葉の発達の遅れ、③興味や関心が狭く特定のものにこだわることを特徴とする行動の障害であり、中枢神経系に何らかの要因による機能不全があると推定される」（「主な発達障害の定義について」）と定義している。

この障害の特徴は具体的には、①「社会性が乏しい（対人距離が作りにくい）」、②「会話がすれ違う（言葉を覚えても、場にそぐわない使い方をする）」、③「想像力が育ちにくい（応用が利かない。予定外のことには混乱する）」の3点である。さらに、「実行機能障害（いつまでやるのか、どのくらいやるのか、計画が立てにくい）」「感覚の過敏と鈍磨（特定の音、光刺激、特定の肌触りに過敏、痛みなどの感覚に鈍感）」も見られる。この結果、社会性やコミュニケーション能力の問題や行動の偏りが生じる。

　自閉症は、近年「自閉症スペクトラム」という言葉が用いられている。これは、自閉症者の中でも、上記の特徴の現れ方が強い人と弱い人があることや、同じ人の中でも、ある特徴は見られても他の特徴は目立たないということもあるし、知的な遅れがある人と知的な遅れがない人もいるという考えである。また、「広汎性発達障害（PDD）」という診断名で、これらの障害が総称されることもある。この中の知的な遅れの有無に着目したのが、「高機能自閉症」や「アスペルガー症候群」である。

　まず、高機能自閉症は、上記の自閉症の特徴がある上で、「だいたい知能指数（IQ）が70以上で、あまり知的な遅れが目立たない場合」（『ふしぎだね!?アスペルガー症候群「高機能自閉症」のおともだち』p.46）とされている。

　アスペルガー症候群も知的な遅れが伴わない自閉症なので、高機能自閉症との区別は難しく、さまざまな意見や立場があるとされているが、文部科学省は「知的発達の遅れを伴わず、かつ、自閉症の特徴のうち言葉の発達の遅れを伴わないもの」（「主な発達障害の定義について」）と定義している。つまり、アスペルガー症候群は、自閉症の中でも知的な遅れが目立たないとともに、言葉を同年代と同じくらい使うことができ、場合によっては難しい言葉を知っている場合もあるということが大きな特徴である。

　知的な遅れがなく、言葉を用いることができれば、他の自閉症よりも適応が容易とも考えられるが、アスペルガー症候群や高機能自閉症にはその特徴ゆえの困難さがある。

　たとえば、知的な遅れがなく言葉が使用できると、自閉症であることを本人も周りも気づかずにいることが多いということにつながる。このこと

は、上記の自閉症の特徴により学習や周りとの人間関係がうまくできないにもかかわらず、障害による困難さではなく、本人の性格ややる気の問題と誤解されたり、うまくできないことが自分の能力の問題ととらえるなど、本人の自尊感情を低めることにつながったりする。

　また、言葉の使用が可能なことについては、言葉は知っていても、その意味の理解が不十分であったり、複数の意味がある言葉について、そのうちの一つしか覚えていなかったりして、不適切な使い方をすることがある。

　さらに、人の気持ちを想像することが難しいため、見たままのことを言って相手を怒らせたり、自分が知っていることを相手の反応にかまわずに延々とし続けたりもする。

　これらの行為は、意地悪やふざけているのではないが、言葉の使用に障害がない分、周囲には理解されにくいことが特徴である。

　なお、出現率は、1000人に約1人で、男女比は4：1、高機能自閉症は全体の20％程度とされている（『発達障害の臨床心理学』p.93）。

3　学習障害について

　学習障害（LD）は、医学領域と教育領域では定義が異なる。まず、医学領域では、DSM-Ⅳ-TR（アメリカ精神医学会）が、読字障害、算数障害、書字表出障害、特定不能と分類し、「読み」「書き」「計算」の障害と定義している。

　一方、教育領域では、文部科学省が、「基本的には全般的な知的発達に遅れはないが、聞く、話す、読む、書く、計算するまたは推論する能力のうち、特定のものの習得と使用に著しい困難を示す様々な状態」（「主な発達障害の定義について」）と定義している。つまり、「聞く」「話す」という会話の側面まで含めた学習上の困難を想定している。特に、国語と算数（数学）に関係する困難を学習障害として支援の対象としている。

　出現率は、「日本では2〜5％、男女比3：1〜5：1」（『発達障害の心理学』p.35）とされている。

　学習障害は、認知のどこかで問題が起こっている障害ではないかと考え

られている。認知のどの部分に障害があるかは、人によって異なる。たとえば、①「目で見たものを区別して読み取る」、②「聞いたものを区別して聞き分ける」、③「見たものや聞いたものから必要な情報だけを取り出す」、④「2つ以上の感覚を合わせて使う」、⑤「文の決まりを理解する」、⑥「注意を向けたり記憶したりする」、⑦「空間をイメージする」、⑧「計算をする」、ということに困難が生じるとされる。

　この結果、①「国語と算数を基本とする学習能力の困難」、②「話し言葉の理解や使用の困難」、③「他者とのやり取りやルールに沿った活動の困難」、④「運動の困難（目と手、右手と左手などの協調運動、運動の企画、実行、修正の困難）」、⑤「注意の困難（衝動、多動、不注意など）」、が生じるとされている（『よくわかる特別支援教育』pp.52-53）。

4　注意欠陥多動性障害について

　文部科学省は、注意欠陥多動性障害（AD/HD）を「年齢あるいは発達に不釣り合いな注意力、および/または、衝動性、多動性を特徴とする行動の障害で、社会的な活動や学業の機能に支障をきたすものである。また、7歳以前に現れ、その状態が継続し、中枢神経系に何らかの要因による機能不全があると推定される」（「主な発達障害の定義について」）と定義している。つまり、AD/HDは、①不注意、②多動性、③衝動性、という三つのポイントで診断される。さらに、この特徴の強弱は人によって異なり、(a)混合型、(b)不注意優勢型、(c)多動性－衝動性優勢型の三つのタイプに分類される。

　不注意は、特定のことに意識を向け、集中を持続することに困難さがあるため、学習や活動に継続的に取り組んだり、最後まで取り組んだりすることや、約束やルールを覚えたり、話を最後まで聞いたりすることに困難が生じる。多動性は、周りの刺激に反応してしまい、本人の意識とは関係なく、いつの間にか動いてしまうことで、落ち着いていられなかったり、離席したり、話が止まらなかったりする。衝動性は、頭の中で考える前に行動してしまうことで、話に割り込んだり順番が待てなかったり、気持ち

が抑えられずに、言葉や態度にすぐに表してしまったりする。

　また、現れる特徴は発達段階で異なり、乳幼児期は多動性が目立ち、小学校低学年では多動性と衝動性が目立つ。そして小学校高学年では歩き回りは減るが、衝動性は変わらず、中学生になると衝動性は少しずつ落ち着いてくる。不注意は減らずに目立つようになる。

　出現率は、研究により幅があるが、全人口の3〜7%とされている。

第2節　障害児への教育

1　旧来の障害児教育

　障害児教育は、戦後のわが国では教育基本法（1947年制定）に基づき、「特殊教育」と呼ばれて展開してきた。障害のある児童・生徒を対象に、その障害の種類・程度などに応じて、盲・聾・養護学校、特殊学級、通級による指導が行われてきた。

　盲・聾・養護学校は、障害の程度が比較的重い視覚障害、聴覚障害、知的障害、肢体不自由、病弱の児童生徒を対象に設置された学校である。障害の状態により通学が困難な場合には、家庭や病院などに教員を派遣して訪問教育が行われる。

　特殊学級は、障害の程度が比較的軽度の児童生徒を対象に、小学校や中学校に設置されている特別に編成された学級である。対象となる障害種別は、視覚障害、聴覚障害、知的障害、肢体不自由、病弱、言語障害、情緒障害である。なお、入院療養中の児童生徒のために病院内に設けられた特殊学級は院内学級と呼ばれる。

　通級による指導は、小学校・中学校の通常学級に在籍する軽度の障害を持つ児童生徒に対して、各教科などの指導は通常学級で行いながら、障害による困難を改善・克服するための特別な指導を通級指導学級で行うものである。1993（平成5）年に制度的に実施されるようになった、比較的新

しいもので、対象は、弱視、難聴、肢体不自由、病弱、言語障害、情緒障害である。なお、通級による指導は、児童生徒の在籍校にある通級指導学級に通う場合（自校通級）と、他校の学級に通う場合（他校通級）がある。

2　特別支援教育の登場

2003（平成15）年公表の、特別支援教育のあり方に関する調査研究協力者会議の「今後の特別支援教育の在り方について（最終報告）」において、障害の程度などに応じ特別の場で指導を行う「特殊教育」から、障害がある児童生徒一人ひとりの教育的ニーズに応じて、適切な教育的支援を行う「特別支援教育」へと転換することが示された。

この報告を受けて、2007（平成19）年の学校教育法などの一部改正により、従来の「盲・聾・養護学校」が「特別支援学校」に、「特殊学級」が「特別支援学級」に名称が変更するとともに、その内容も改正された。

3　特別支援学校とは

特別支援学校とは、従来盲・聾・養護学校と障害種により分けて学校を作ってきたものを、障害の重度・重複化に対応するため、障害種にとらわれない学校に一本化していくために設置されたものである。特別支援学校への一本化は、障害のある幼児児童生徒が、その障害種にかかわらず、自分の住む地域、あるいはできるだけ近い地域で教育を受けられるという利点や、特別支援学校に地域の特別支援教育を支えるセンター的役割を期待するものである。センター的役割とは、「近隣の小・中学校などに在籍する障害のある子どもやその保護者、またその学校の教師たちに、これまで蓄積してきた障害児教育のノウハウを使って相談にのる」（『よくわかる特別支援教育』p.17）というものである。

特別支援学校への一本化は、それぞれの都道府県などの事情が考慮されているが、上記の利点とともに、これまで一つの学校で一つの障害種を見てきたからこそ蓄積されてきた情報や技術が拡散する危険性や、多様な障害種を受け入れるための何種類もの教育課程の用意や運用の困難さが指摘

されている。

4　特別支援学級とは

2003年の「今後の特別支援教育の在り方について（最終報告）」では、小・中学校に特別支援教育コーディネーターを配置して、障害種に応じて設置された固定式の特殊学級から、通常の学級に在籍した上で、必要な時間だけ「特別支援教室」で障害に応じた指導を受ける、通級による指導に一本化する構想が打ち出された。

これは、2002（平成14）年の調査で、担任教員が知的発達に遅れはないものの学習面または行動面で著しい困難を示すとした児童生徒が、通常学級に6.3%在籍していることが明らかになり、こうした児童生徒一人ひとりへの支援を行う体制作りが求められたことが背景にある。具体的には、小・中学校の中で障害児教育を実践し、平均在籍者数が約2.8名（2004年5月時点）という特殊学級を、通常学級在籍で支援が必要な児童生徒のために活用しようということであった。

しかし、これまで固定式の特殊学級を利用する、児童生徒およびその保護者からの懸念や、その後特別支援教室の具体的な制度が示されなかったことから、現状では特殊学級から特別支援学級への名称変更にとどまっている。

その上で、特別支援学級在籍の生徒が、教科や時間を決めて通常学級で活動をする「交流」とともに、その反対に、通常学級の生徒が教科や時間を決めて特別支援学級で活動をする「逆交流」が活用されている。

5　小・中学校における特別支援教育

特別支援教育では、従来の特殊教育で支援の対象とされていた児童生徒に加えて、担任教員が知的発達に遅れはないものの、学習面または行動面で著しい困難を示すとされ、学習障害、AD／HD、高機能自閉症などの障害を持っている可能性が考えられる児童生徒も対象となった（2012年の調査では通常学級に6.5%在籍）。

こうした児童生徒への援助として、2006（平成18）年より、通級による

指導の対象に学習障害とAD／HDが加えられた。さらに、前述の逆交流の活用や、苦手教科について通常の授業から取り出しての少人数での指導、通常学級の授業で複数の教員が指導に当たるチーム・ティーチング（TT）の導入などの実践例も存在する。

第3節　障害児への支援

1　医療機関の受診

　発達障害が疑われる場合、医療機関への受診を勧められるケースがある。ここでは、医療機関でどのような援助を受けられるかを見ていく。

　まず、発達障害は病気ではないので、治療するわけではない。それでは、医療機関受診にどのような意味があるかというと、医師の診断を受けて障害の有無を確定することが、重要な援助になるのである。つまり、診断を受けることで問題の背景を正確に知ることができ、それが正しい対応方法の理解につながるのである。その結果、さまざまな不適応行動などが、わがままとか、しつけの問題など、本人や保護者の問題に帰結されることや、不合理な指導や周りからの不当な扱いを受けないようにすることができるものと考えられる。また、子ども自身も成長するにつれて、周りと違うことに悩むようになる。そのときに、医師の診断を通して正確な事実を伝えることで、自尊感情を不当に損なわないようにすることができるものと考えられる。

　さらに、薬物療法が、自閉症や学習障害などに対しては障害があることでストレスや抑うつが発生した場合に、AD／HDに対しては多動性や不注意を抑えるために、それぞれ有効なこともある。ただし、いずれの場合も薬物を用いて終わりではなく、薬物の効果で状態が安定しているときに、適切な対応方法を学ぶための療育や教育を行う必要がある。

　最後に、「発達障害」という診断名が、「通常の指導ができない」という

レッテル張りになる危険性もある。したがって、医療機関への受診結果が、学校や家庭での対応に生かされるように配慮する必要がある。

2　心理学的援助

　発達障害に心理療法（カウンセリング）が有効かどうかは、脳機能障害であり、心の問題ではないので、中核的な問題には効果がないという意見もある。しかし、障害によって生じるストレスや抑うつなどには有効であると考える。さらに、認知行動療法や心理教育的なアプローチが、適切な対応方法を学ぶ手助けになることもある。

　さらに、保護者への心理的援助も重要であり、対応方法や援助の情報を心理学の専門家として伝える「コンサルテーション的アプローチ」や、日々の対応に苦慮する保護者の心情を支持する「心理療法的アプローチ」が考えられる。また、発達障害という診断は、前述のように、困難の背景を明確にして周囲の誤解をなくすという利点はあるが、障害受容という新しい問題が生じることもある。障害が軽度であるほど「普通の子と何が違うのだろう」と受容は難しくなる。反対に重度であると、療育や教育を諦めてしまうという保護者の心情への配慮が必要になる。カウンセリングは、こうした保護者への援助として効果が期待できる。

　学校、医療機関、家庭はそれぞれの専門性や得意分野で支援を行うが、互いの事情を十分に理解できないこともある。その際に、心理職はその解説や情報を伝える工夫を行う、パイプ役という役割も期待される。

第4節　障害児教育の工夫

1　自閉症について

　自閉症による状況把握の困難や、感覚刺激のつらさから不安が生じる。学校現場でできる配慮や支援は、たとえば、次のようなことが考えられる。

①感覚過敏への配慮：通常学級の規模は、刺激が多すぎる状況である。耐えられないときに、少し休める時間や場所の保障ができれば援助になる。
②伝え方の配慮：聴覚情報よりも視覚情報のほうが把握しやすいので、音声言語だけでなく、映像や図表などもあると理解しやすくなる。また、話し言葉も、複雑な言い回しや曖昧な言葉はできるだけ避けて、箇条書きのように端的に伝えると分かりやすい。
③見通しを示す配慮：新しいことや見通しの立たないことは不安になる。学習や活動の課題量や時間を明確にしてあげる配慮が必要である。
④仲間との距離感への配慮：他者を求めないわけではないが、一人でいる時間も長いというつきあい方をするが、それを、友達となじめないと否定的にとらえずに、認めることが必要である。

2　AD／HDについて

　AD／HDの人が持つ多動性や衝動性、それを原因とするさまざまな問題が表出しないようにするためには、学校で次のような工夫が考えられる。
①余分な刺激をできるだけ排除する：話し声や目につくものなど周囲の刺激が気になって注意が向きやすい。そこで、座席を一番前にしたり、掲示物などを教室の後ろにまとめたりするなど、目に入るものや雑音を極力なくす工夫が役立つ。
②約束して賞賛する：離席や不注意、乱暴な態度などで叱られやすく、自信をなくしている。初めは達成が容易である簡単な課題から約束して、できたら褒めるようにして、達成感や自尊感情が生まれる体験を味わわせることがやる気につながる。

3　学習障害について

　学習障害の学習への影響については、視覚認知と聴覚認知の問題に注目して、次のような配慮を行うことが有効ではないかと考えられる。
①説明の工夫：聞き間違いが起こらないように、短い文ではっきり話すようにしたり、黒板に書いたものを別紙にまとめて渡したりすること

で、板書を写す負担を軽減させる配慮が考えられる。
② 本人が聞き取れていることの確認：大勢の人がいて騒がしいと、声が聞き取りづらくかったり、発音が似ていたり、少し違う言葉や長い文は聞き分けられないことがある。そこで、本人がきちんと話を聞けていることを確認しながら、話してあげるとよい。
③ 読みやすくなるような工夫：教科書などは、読む行以外を隠せる、穴が開いた板を置くことで、音読の際の読み飛ばしを防ぐことができる。
④ 書きやすくなるような工夫：作文の際に字をバランスよく書いたり、筆算の位取りがずれたりしないように、大きめのマス目やマスの中に、十字が入ったノートを使用すると負担が減る。
⑤ 周囲が理解して協力：説明の工夫と同様に、分かりやすく簡単な言葉で話しかけること、質問するときには十分に時間を取って、落ち着いて答えられるように配慮する。そして、言葉に詰まったり間違っても、笑ったり、からかったりしない気遣いが、大きなサポートになる。

4　まとめ

　個別の支援を望む子どももいれば、「特別扱い」に抵抗する子どももいる。このため、抵抗感に配慮した支援の導入を行う必要がある。
　さらに、障害のために、うまくできないことを叱られたりからかわれたりすることで、自分を肯定的に見られなくなっている。障害に関係なく良いところを見つけてあげる配慮が求められる。

おわりに

　発達障害があっても、それで直ちに問題があるというわけではない。困難さがあっても、なんとかやってきていることも多く、その場合は障害があることは認識されずに生活できている。また、困難があっても、全てを支援しなければならない存在とは考えずに、必要とする支援内容を吟味して、本人が自力で対応できることは尊重し、賞賛する必要がある。
　発達障害の子どもに有効な工夫や配慮には、他の子どもたちにとっても

有益なものが多い。このため、障害のある子どものためだけに特別なことを追加しなければならないと考えずに、他の子どもの役にも立つという観点で、学級経営全体に活用できればよいと思われる。

さらに、特別支援教育は、通常学級で行うか特別支援学級で行うかと、厳密に分けるだけではなく、交流と逆交流、集団指導と個別指導などをうまく組み合わせて、教科ごと・場面ごとに最適な学びの場を用意するとよいと思われる。

【文献一覧】

内山登紀夫監修、諏訪利明・安倍陽子編『ふしぎだね!?自閉症のおともだち』（発達と障害を考える本1）ミネルヴァ書房、2006年

内山登紀夫監修、安倍陽子・諏訪利明編『ふしぎだね!?アスペルガー症候群「高機能自閉症」のおともだち』（発達と障害を考える本2）ミネルヴァ書房、2006年

今野喜清・新井郁男・児島邦宏編『学校教育辞典〔新版〕』教育出版、2003年

次良丸睦子・五十嵐一枝『発達障害の臨床心理学』北大路書房、2002年

森俊夫『教師とスクールカウンセラーのためのやさしい精神医学1　LD・広汎性発達障害・ADHD編』ほんの森出版、2006年

湯浅恭正編『よくわかる特別支援教育』（やわらかアカデミズム・〈わかる〉シリーズ）ミネルヴァ書房、2008年

文部科学省「発達障害の法令上の定義」　http://www.mext.go.jp/a_menu/shotou/tokubetu/main/002/001.htm（2013年10月29日確認）

文部科学省「特別支援教育について」（通知）2007年　http://www.mext.go.jp/a_menu/shotou/tokubetu/main/002/003.htm（2013年10月29日確認）

文部科学省「主な発達障害の定義について」　http://www.mext.go.jp/a_menu/shotou/tokubetu/004/008/001.htm（2013年10月29日確認）

第13章 教育実践の記述

田端 健人

はじめに

　現在、さまざまな領域で実践現場を記述し、多くの人の目に触れる形にする重要性が強調されている。医療や看護の現場、災害現場、障害者や高齢者の現状、異文化地域、そして教育現場である。一口に「教育現場の記述」といっても、テーマは多岐にわたる。育児のエピソード記述、学校現場の実践記録、暴走族のエスノグラフィー、いじめ事件のルポルタージュ、児童養護施設の参与観察記録、教師のナラティブ研究など。記述についての考え方・方法も多種多様である。

　本章では、教育実践を記述する意味を明らかにし、他の実践者や研究者にとって有意義な記述のあり方について考察する。

第1節　教育実践の「記述」とは何か？

　教育実践を記述すると言うとき、「記述」とはどのような行為であるかを、初めに明確にしておく必要がある。実践者あるいは観察者として、実践現場に足を踏み入れ、教師や子どもの活動を目にし、彼・彼女たちの言葉を耳にする。目にし耳にしたことを、その場で、あるいは後から文字にするという行為。確かにこれが教育実践の「記述」である。

　しかし、この規定だけでは十分ではない。というのも、自分が目にし耳にしたことを文字に起こしただけでは、いまだ「記述」とは言えない場合のほうが多いからである。つまり、この規定では「記述」と言える行為と、そうとは言えない行為とが、区別されていない。そこで、この規定に当てはまる行為やドキュメントを広く「記録」と呼び、以下では、どのような記録が「記述」になるかを考察する。

1　「ディスクリプション」と「トランスクリプション」

　「記述」は「ディスクリプション（description）」であり、「トランスクリ

プション（transcription＝複写、転写、筆写）」ではない。トランスクリプションの典型は、ICレコーダーに録音した音声を文字化したものである。これをもっと複雑にしたのが、ビデオカメラで記録した音声と映像を文字化するトランスクリプションである。こうした機器を使わず、自分が見聞きしたものを文字変換する場合も、機械的精度の低い一種のトランスクリプションである。こうしたトランスクリプションは、ディスクリプションではなく、これをどれほど積み重ねても、それだけでは記述にならない。もちろん、トランスクリプションを基にしたディスクリプションは多いが、そこには位相の変容がある。

　トランスクリプションの本質は、情報変換である。音声情報から文字情報へ、視覚情報から文字情報への変換である。これに対して、ディスクリプションとしての記述は、現実を描出すること、その場にいなかった第三者にも伝わるように、現場を言葉で描き出すことである。現場の臨場感を言葉によって生き生きと再現するという意味で、記述は、言葉によるリプレゼンテーション（representation＝再現前化、再び現出させること）である。こうした意味での記述を、本章では「書く」とも言い表そう。

2　時間と空間の超出

　教育実践の記述は、実践の現実を、文字によって再び現出させようとするリプレゼンテーションである。時間と共に過ぎ去り、忘れ去られてしまうはかない現実を、書き手と読み手に再び現出させる行為が、記述である。それゆえ、記述という行為には、過ぎ去り忘れ去られることへの抵抗があり、時間を超え出ようとする憧れがある。自分が今、目にし耳にし触れ合っている現実を、それが過ぎ去った後も、再びよみがえらせようとする願望によって、記述は遂行される。

　時間を超出しようとする記述の最も力強い原型は、古代ギリシアの「歴史の父」ヘロドトス（Herodotus　前485頃～430以後）に求めることができる。「人間界の出来事が時の移ろうとともに忘れ去られ、ギリシア人や異邦人の果たした偉大な驚嘆すべき事蹟の数々…（略）…も、やがて世の

人に知られなくなるのを恐れて、自ら研究調査したところを書き述べた」（『歴史〔上〕』p.9）。忘れ去られていくことへの恐れが記述を促す。

　もう一つ、記述という行為は、自分が今ここに目にし耳にしている現実を、今ここにいない同時代の人々に知ってもらいたい、伝えたいという願望によって突き動かされている。これは空間的な制約を超え出ようとする願望である。

　時間と空間を超出したいという願望が湧き起るのは、そこにのっぴきならない現実、言葉にして残し伝えないわけにはいかない現実、私を震撼させる現実があるからである。それは、苦しい闘病生活かもしれない、悲痛な災害現場かもしれない、子どもの輝かしい成長かもしれない。いずれにしても、書かないではいられない現実との出会いがあってはじめて、記述は生まれる。

3　記述の「科学性」

　ここまで述べると、「書き手の願望や選択、つまり主観性が入るため、記述は客観的ではない」「記述は科学ではない」と思われるかもしれない。事実、質的研究のように、記述を用いる研究領域では、記述や研究の客観性、科学性、学問性がどう確保されるのか、議論が繰り返されてきた。しかし、いまだ十分議論されていないのは、「科学」をどのようなものとして理解するかである。

　最も精密で高度な科学のお手本、現代物理学は、古典物理学とは異なり、自らの学問の科学性を客観性と単純に同一視することはない。原子や素粒子といった極めて微細な物質を対象とする量子論では、「観測が事象において決定的な役割を演ずること、そうしてリアリティは我々がそれを観測するかしないかによって変わってくる」（『現代物理学の思想』p.30）ことが、ハイゼンベルク（Heisenberg, W.　1901-1976）によって理論的に確定された。量子論が対象とする現実は、人間が機器を用いて行う観測によって変化するのである。それゆえ彼は、ボーア（Bohr, N.　1885-1962）の言葉を引き、観測者である「われわれが劇場で観客であるばかりでなく、いつも共演者

でもあることに気付かねばならない」(『現代物理学の自然像』p.9）と言う。

　現代物理学のこの発見は、教育実践の観察と記述の科学性を考えるうえで、極めて示唆的である。教育実践の現実も、現代物理学が対象とする自然と同様、あるいはそれ以上に、観察や記述によって変化する。観察され記述される現実は、観察や記述という活動から独立して客観的に存在するわけではない。「最も精巧な道具を使ってはじめて入りこむことのできる自然の部分を取り扱わなければならないときに、我々自身の活動が極めて重要なものになる」(『現代物理学の思想』p.37）。

　この引用文前半も重要である。物理学において、観測という活動が観測される現実を左右するのは、いつでもどこでもというわけではなく、「最も精巧な道具を使ってはじめて入りこむことのできる自然の部分」つまり原子や素粒子を対象とするときである。ここに驚くほどの類比があるのだが、ゆるがせにできない現実を再現出させようとする記述が描き出そうとするのは、まさしく、「最も精巧な道具を使ってはじめて入りこむことのできる教育実践の部分」なのである。

　ただし、実践を記述するための「最も精巧な道具」は、レコーダーでもカメラでもなく、もちろん大型ハドロン衝突型加速器などではなく、現場を見聞きし肌身で感じて記述する私という人間存在である。記述者の見る力、聞く力、感じ取る力、総じて「感受性」が「精巧」でなければ、ゆるがせにできない現実には接近できない。現場が信頼し迎え入れてくれる人間でなければ、現場ののっぴきならない現実は見せてもらえない。それぞれの現場固有の深い苦悩や歓喜は、記述者の「精巧」な感受性があってはじめて感知できる。そればかりか、一種の「精巧」な記述者が現場に入ることによって、書くに値する現実が、現場で生起することさえある。実践現場を書こうとする人間は、観察者であるだけでなく、共演者でもある。

4　実践者自身による記述

　共演者どころか、主演者が書き手になることもある。実践者自身による、自らの教育実践の記述である。日本の教育実践では、教師が自らの実践を

文字によって記述する営みが、歴史的に積み重ねられてきた。これは、実践の記述が、実践者としての成長や実践力の向上につながると実感されてきたからであろう。特に1950年代に優れた実践記録が次々公刊され、時代を経た今日も、これらの記述を通して、かつての個性的な実践の息吹に触れることができる。そのいくつかを挙げると、小西健二郎『学級革命』（1955年刊）、土田茂範『村の一年生』（1955年刊）、宮崎典男『人間づくりの学級記録』（1957年刊）、やや時代が下るが、武田常夫『文学の授業』（1964年刊）などである。

第2節　何をどう書けばよいか？

実際に教育実践を書く段階の話に入ろう。

卒業論文の指導などで、次のように尋ねられることがよくある。

「学習支援ボランティアで小学校に入らせてもらっていて、そこでの実践を研究テーマにしたいんですが、先生と子ども、どちらを記録したらいいでしょう？　学級の子ども全員を記録したほうがいいんですか？　それとも誰か特定の子どもに絞ったほうがいいでしょうか？　初めに観点を決めたほうがいいんですか？　それとも、特に決めないほうがいいでしょうか？　…」

1　ともかく書いてみる

こうした質問に、私自身は、次のように答えることが多い。「まあ、ともかく何でもいいから書いてみて」そして、「なにか印象に残ったこと、心に触れたことを大切にして書いてみたら？」と添える。あるいは、「ともかく何でも気づいたこと、気になったことをメモしておいて、学校から帰ったら、メモと記憶を基に、覚えていることを全部書き出してみて」とアドバイスすることもある。レコーダーやカメラで記録が許される場合は、その記録を全てトランスクリプトすることを勧める。目指すのはディスク

リプションであるが、そのためには、トランスクリプションをできるだけ多く経験することが、必要最低条件である。

そして、いざ記録を書いてみると、意外と書けないことに気づく。書こうと思う現実、書きたいと思える現実が見つからないことが多い。それでも無理して書き続ける。つまらない事実ばかり羅列しているような虚しさを感じるものである。

レコーダーからのトランスクリプトは、慣れないうちは、録音時間の3倍から4倍はかかる。映像記録はなお時間を要する。しかも経験上、記述に生かせるトランスクリプションは、全体の2割といったところである。時間と労力を無駄に費やしている無意味を感じるものである。

2　「精巧な道具」を錬磨する

ところが、この一見空虚で無意味な作業を地道に膨大にこなすことが、記述を生み出すために不可欠なのである。このプロセスの中でこそ、「精巧な道具としての自分」が鍛えられていると考えてよい。現実に対する自分の感受性や、現実を言葉にする文章力が、ここで磨かれる。例えば、テープ起こしをしてみると、自分が予想以上に忘れていたり、聞き違えたり、聞き逃していることに気づく。そして、次に現場に入るときは、もっとよく聞こうと心がけるようになる。また、何か書きたいと思えることはないか、現場で探すようになり、現実に対していっそう注意深くなる。書くことを見つけるために、何かキャッチしようと五感を鋭敏にして現場に臨む。自分に響くことがあれば、それを言い表す言葉にも敏感になる。

「精巧な道具としての自分」の感受性や文章力が、こうして錬磨されることによって、これらを通してはじめてとらえることのできる現実、時間と空間を超えて伝えないではいられない現実、書くに値する現実が、おぼろに見え始める。

3　何が書くに値するか？

それゆえ、「何が書くに値するか」は、最初から決まっているわけでな

く、初めに分かっているわけではない。これは、現場を観察し記録する中で、しだいに見え始めることである。書くに値することは、原理的に、現場に入らないと分からないことである。現場に入らなくても分かることは、わざわざ現場を見て書く必要などない。書くに値することは、書き手によって、現場で「発見」されなくてはならない。この発見がなければ、教育実践の「記述」にはならない。ここが記述の最も難しいところである。

4　現場での「発見」

「発見」とは、ディスカヴァー（discover）、つまりカヴァー（cover=覆い隠し）を取り除く（dis- =「はぎ取り」を意味する接頭辞）ことである。現実には、いわばカヴァーが掛けられており、それを取り除いて真相をあらわにすることが、発見である。こうした意味での発見は、ドイツの哲学者ハイデガー（Heidegger, M.　1889-1976）が明らかにした、「非隠蔽性」としての真理（άλήθεια）の生起である（『存在と時間Ⅰ』第7節）。

ただし、カヴァーを掛けられている現実について、私たちは、完全な無知であるわけではない。私たちは、その現実について、部分的に知っていたり、曖昧にあるいは表面的に知っていたり、かなりよく知っていたりする。これがカヴァーを掛けられた状態である。私たちがよく知っている現実でも、精巧な観察者が現場に入ってよく見聞きしてみると、実は、知らなかったことが起きているのに気づき、それを言葉で描き出し第三者に知らせる、これが記述である。それゆえ、教育実践の記述には、実践現場で起きている問題や知られていない成長を露呈する働き、教育実践に関する従来の知を破壊し転覆する働き、そして、教育実践について新たな知をもたらす働きがある。

第3節　どうすれば書けるか？

教育実践について新たな知をもたらす発見的な記述は、どうすれば書け

るのだろうか？　この問いは、前節の考察からすれば、教育実践の現場でどうすれば発見ができるのか、という問いでもある。

1　既に知られていることを知る

　現実の観察をいくら積み重ねても、その現実に関して何か発見ができるというわけではない。発見できるためには、その現実について、何が知られていて、何が知られていないかを、あらかじめ知っておく必要がある。特に、何が知られているかについての知があってはじめて、知られていない現実が、驚きをもって見えてくる。

　その現実について既に知られていること、これをガダマー（Gadamer, H-G. 1900-2002）に倣って「先入見」と呼ぼう。「肝要なのは、自分自身が先入見にとらわれていることを自覚することである」（『真理と方法Ⅱ』p.427）。

　先入見、いわば暗黙の既存の知があるからこそ、世界の事物が見えるのであり、教育現場の多種多様な営みや出来事を教育実践として見ることができる。そして、この先入見を自覚し、先入見についての自覚的な知を持つことではじめて、教育実践に関して既に知られていることと知られていないこととが判別できるようになる。今自分が目にしている出来事が、従来知られていない出来事の目撃なのか否かは、先入見についての知を持っていなければ分からない。

　自分の先入見を自覚的な知にもたらすためには、教育実践に関連する文献を読み、教育実践についての言説を自覚的に知ることが必要である。例えば、荒れた学級を克服していく教育実践を記述したいなら、「学級崩壊」や「学級経営」など関連する文献を読み、荒れた学級やその克服事例、克服のための指導法などについて、既に広く知られていることを自覚的に知る必要がある。こうして先入見を自覚することではじめて、自分が今目撃している指導法や克服プロセスが、それまでは知られていなかった新しいもの、書くに値するものであることに、心揺さぶられながら気づくことができる。

2 「精巧な道具」の構成要素としての「先行概念」

　教育実践を書くためには、教育実践が見えていなくてはならない。とりわけ、実践現場において、書くに値することが、発見的に見えなくてはならない。

　教育実践が「見える」とか現場を「見る」というのは、象徴的な言い方であり、目で見る行為だけでなく、耳で聞く行為や肌で感じる行為、総じて「感受する」行為全てを含意している。

　現実をこのように感受する行為は、感覚的なものである。目や耳といった感覚器官を通してなされる行為である。ただし、これらの感覚器官を通して、私という人間が感受するのは、感覚データではなく、感覚素材としての色や形や音ではない。私は、子どもの顔を見ながら、子どもの顔色や表情を見るのであり、子どもが夢中になっているのを見、子どもに何かがひらめいたそのひらめきを見る。つまり、私の感受性は、感覚的なものを受け取りながら、同時に、子どもや教師の気分や学びや成長を感受する。それゆえ、私の感受性は、人間の気分や学びや成長がそもそもどのようなものかについての「先行概念」にも影響される。この先行概念が狭く限定されているならば、私が見る相手からも、狭く限定された気分や学びや成長しか感受できない。それゆえ、この先行概念を、豊かで柔軟にしておくことが、感受性を豊かで柔軟にすることになる。

　人間の学びや成長に関する私たちの先行概念は、同時代的な教育言説によって大きな影響を受けている。それゆえ、同時代の教育言説を自覚化し、これに限定された見方を脱する必要がある。そのためには、大きく二つの方法がある。

　一つは、同時代において流布している教育言説の用語をできるだけ用いないという禁欲的な方法である。できるだけ自然な日常言語で書く、「自分の言葉で書く」という方法である。また、教育現場を注意して見ていると、教師や子どもが独特のボキャブラリーを使っていることに気づくこともある。日常から紡ぎ出された、彼・彼女たち特有の言葉を忠実に記録す

ることも、思わぬ発見につながる。

　ただし、日常言語といえども、教育言説その他の理論や概念からの影響を免れない。そこで、人間についての私たちの先行概念をいっそう自由にし、教育実践への感受性をいっそう高めるために、もう一つの方法が求められる。それは、人間を理解するための諸概念を徹底的に問い直し、鋳造し直す哲学に学ぶという方法である。具体的には、解釈学、現象学、実存哲学、対話哲学、人間学が導きになる。

3　文章力と見る力

　現実を言葉で描き出すためには、当然、言葉を精巧に操る文章力が必要である。もちろん書くに値する現実が見えていなければ、書くことはできないのだが、書くことにたけた人間は、書くに値する現実を見つけ出すことにもたけているようである。現実を描き出す文章力と、現実を見る力とは、不可分のようである。

　その典型例として、ノーベル文学賞作家・大江健三郎（1935-）による、島小学校のルポルタージュを挙げておきたい。斎藤喜博校長の人となり、島小学校の子どもの声の張り、表情の輝き、教室の空気、授業のドラマチックな躍動感が、実に生き生きと描き出されている（『厳粛な綱渡り』pp.452-471）。1960年前後の感動的な教育実践が、およそ50年という歳月を経た今日も、読み手にまざまざと立ち現れてくる。

4　倫理的配慮

　教育実践を記述する目的は、書くに値する実践を、時間と空間を超えて、人々に知ってもらうことにある。つまり公表を目的の一つとしている。特定の教育実践を不特定多数の人々の目にさらすことには、さまざまな危険が伴う。記述された当事者やその関係者を傷つけたり、名誉を毀損することのないよう、慎重に配慮する必要がある。当然、個人情報も保護しなくてはならない。現在は関連する諸学会で倫理規定が定められているので、それを参照してほしい。エスノグラファーの小田博志の解説（『エスノグラ

フィー入門』pp.77-85) も参考になる。

　記述者が実践者自身でない場合は、そもそも実践現場に入らせてもらうこと自体、現場の人々の理解と許可なしには実現しない。観察しているときも、観察者の立ち居振る舞いや言動は、子どもや教師に影響を与える。観察者がそこにいるというそれだけで、現場の空気も起きる出来事も変容する。逆に、観察者も子どもや教師から見られている。

　このように、教育実践の観察と記述には、入る前も、入っているときも、入った後も、それぞれの時と場に応じて、多種多様な倫理的配慮が常に求められる。

おわりに

　以上、本章では、「教育実践の記述」について三つの観点から考察した。

　教育実践の記述は、その前段階として、膨大なトランスクリプトの積み重ねというつらい作業をくぐり抜けなければならない。しかし、その先には新たな発見があり、実践現場が新鮮に見えるようになり、驚きや感動、深い共感、喜びや悲しみにあふれる世界が待っている。このプロセスには、観察者、記述者としての成長があり、ときに実践者としての成長がある。

　加えて、教育研究がさらに発展するためには、教育実践の事実に根ざすことが不可欠であり、教育実践についての新たな知が必要である。それゆえ、教育実践の記述は、教育研究発展のためにも、欠くことのできない行為である。

　記述のための入門書や参考例、記述に基づく研究書も多い。その一部を「文献一覧」に掲載しておく。

【文献一覧】

　　秋田喜代美・藤江康彦編『はじめての質的研究法：事例から学ぶ 教育・学
　　　　習編』東京図書、2007年
　　遠藤司『実感から関係化へ：ある重度重複障害者と関わって』春風社、2010年

大江健三郎『厳粛な綱渡り』(講談社文芸文庫) 講談社、1991年

小田博志『エスノグラフィー入門：〈現場〉を質的研究する』春秋社、2010年

ガダマー, H-G.（轡田收・巻田悦郎訳）『真理と方法：哲学的解釈学の要綱Ⅱ』(叢書・ウニベルシタス176) 法政大学出版局、2008年

小西健二郎『学級革命：子どもに学ぶ教師の記録』(現代教育101選43) 国土社、1992年

戈木クレイグヒル滋子『闘いの軌跡：小児がんによる子どもの喪失と母親の成長』川島書店、1999

ストラウス, A.L.他編（南裕子・野嶋佐由美・木下康仁訳）『慢性疾患を生きる：ケアとクォリティ・ライフの接点』医学書院、1987年

武田常夫『文学の授業』明治図書出版、1970年

田端健人『学校を災害が襲うとき：教師たちの3.11』春秋社、2012年

土田茂範『村の一年生』国土社、1992年

ハイゼンベルク, W.（尾崎辰之助訳）『現代物理学の自然像〔新装版〕』みすず書房、2006年

ハイゼンベルク, W.（河野伊三郎・富山小太郎訳）『現代物理学の思想〔新装版〕』みすず書房、2008年

ハイデガー, M.（原佑・渡邊二郎訳）『存在と時間Ⅰ』(中公クラシックス) 中央公論新社、2003年

フリック, U.（小田博志監訳）『質的研究入門：〈人間の科学〉のための方法論〔新版〕』春秋社、2011年

ヘロドトス（松平千秋訳）『歴史〔上〕』(ワイド版岩波文庫) 岩波書店、2008年

宮崎典男『人間づくりの学級記録』(教養文庫14) むぎ書房、1982年

やまだようこ編『質的心理学の方法：語りをきく』新曜社、2007年

終章

教育実践と教育心理学

遠藤　司

はじめに

　序章から始まり、教育心理学のさまざまな側面からの学びを終えた我々にとって、次の課題は何なのであろうか。

　我々は、教育心理学について、多くの概念や考え方、方法などを学ぶことができ、多くの事柄について理解し、知ることができた。本書を手に取る以前の状態に比べて、このことは、大きな成果だと言うことができる。しかし、より良い教育者となろうという志を持っている人間にとって、このことだけをもって学びが完了したと考えることはとうていできない。

　我々は、この段階で、いまだ何の教育実践もなし得ていない。より良い教育者となるためには、教育活動を実際に行い、そのことからさらなる学びをすることが必要である。すなわち、理論的な学びを経て、実践的な学びをしなければならないのである。ここにおいて我々は、教育心理学を学ぶことと、教育実践から学ぶこととの関係についてあらためて考えなければならなくなったのである。

第1節　教育心理学を学んだ上で教育実践をすること

1　理論的な学びと実践的な学び

　我々は、本書を通して、教育心理学のさまざまな概念や考え方などを学ぶことができた。つまり、我々は本書を通して、教育心理学を理論的に学ぶことができた。ここで、理論的な学びとはいかなる学びであるかをあらためて考えてみたい。

　理論的な学びとは、提示された理論、概念、考え方などを、言葉として理解しようとする学びであると考えることができる。提示された言葉の意味を、一つの学問の中で考えられてきた過程を含めて、正確に理解しなけ

ればならない。ある学問の体系を学ぶとき、我々に求められるのは、まずはこのことである。このことを教育心理学に当てはめて考えると、我々は、子ども・児童・生徒を理解するための視点にどのようなものがあるのか、どのようにかかわればよいのかなどについて、さまざまな言葉を知り、理解するという仕方で理論的な学びをすることができたのである。

これに対して、実践的な学びとは、まさに言葉のとおり、実践することを通して学ぶことであると考えることができる。実践的な学びとは、実践の対象となっているものについて、一般論的な概念としてではなく、具体的な事例としてとらえ、その事例からしか学ぶことができない事柄を学ぶことである。さらに、実践しているときの自分自身の気づきや感じなどを基に、あるいは、自分自身の実践を後から振り返ることにより得たことを基に、実践者としての考えや意識、構え、態度などを深めるための学びをすることでもある。

理論的な学びをすることによってしか得られないものがあるのと同様、実践的な学びをすることによってしか得られないものがあると考えられる。ここで、より良い教育者となろうとしている人間にとって、理論的学びだけではなく、実践的学びをすることの重要性についてあらためて考えてみたい。

2　実践的学びの重要性

より良い教育者となろうとしている人間の場合、教育者として子ども・児童・生徒に教育的にかかわり、教育活動を行うことを通して、すなわち教育実践を行うことを通して学ぶことが、実践的に学ぶことである。より良い教育者となるためには、より良い教育実践を行うことを目指さなければならない。つまり、自分自身が教育活動を行っている相手であるところの子ども・児童・生徒のことをより深く知ることができ、子ども・児童・生徒がより良い形で成長を遂げることができるような教育実践を行うことを目指さなければならないのである。こうした実践を目指すうえでの実践的学びが必要であるならば、我々はそれを行うよう努めなければならない。

しかし、実践的学びを重視するということは、理論的学びを軽視することでは決してない。むしろ、理論的学びを十分に行うことができていない者がただ実践を繰り返しても、実践から学ぶことは不可能であろう。なぜならば、理論的学びを基に、自分自身の教育活動をいかに行うかを、さまざまな視点から考えることなく、また、十分な吟味をしないままに教育活動を行ったとしても、その教育活動は質の低いものにならざるを得ず、そこから学ぶことのできるものも、極めて質の低いものになってしまうだろうからである。しっかりとした理論的な学びを基に、目の前の子ども・児童・生徒について十分に考え、自分自身の教育活動をいかに行うべきかを十分に吟味したうえで実践するからこそ、その実践から学ぶことができ、次の実践につなげることができるのである。こうしたことが可能となるための理論的学びの一つとして、教育心理学を学ぶということがある。

　教育心理学を学ぶことにより、目の前の子ども・児童・生徒の現在の状態について十分に考えることができるようになり、自分自身の教育活動をいかにすべきかということを、しっかりと考えることができるようになる。さらに、良い教育実践とはいかなるものであるのかということについても深く考えることが可能となる。また、実際によく考えられたうえで教育実践を行うことができるようになり、高いレベルで行われた教育実践を通してより良く学ぶということができるようになるのである。より良い教育者になろうとしている者にとって、教育心理学を学ぶことの意味は、より良い教育実践を行うために考えることができるようになることにあり、教育実践に生かすことにこそある。

第2節　実践から学ぶ

1　実践的に学ぶことのできることとは何か

　では、教育実践を行うことにより、実際に学ぶことができることとは何

なのであろうか。まず、子ども・児童・生徒と実際に教育活動を行う場面を考えてみたい。

　たとえば、子ども・児童・生徒に授業をする、あるいは個別に教えるなど、生徒の学びに教育者としてかかわり、指導する場面を考えてみたい。これらの教育実践を通して、子ども・児童・生徒が何をどのように学び、また、何をどのように学ぶことが困難なのかを知ることができる。しかし、子ども・児童・生徒の学び方や、学びの困難さということだけであるならば、一般論として本書にも言葉として書かれてある。教育実践を通して学ぶというとき、一般論としての言葉の学びとの違いを、どこに見いだすことができるのであろうか。

　教育実践を通して、目の前の子ども・児童・生徒の学び方などを知るとき、我々はそれを極めて具体的な形で学ぶことになる。まさに、目の前の子ども・児童・生徒の行動が、態度が、発する言葉が、子ども・児童・生徒の学びがいかなる状態であるのかを伝えてくれる。子ども・児童・生徒の学びに教育者としてかかわるからこそ、つまりは、教えるという行為をするからこそ、具体的な姿として見えてくる事柄がある。それだけではなく、目の前の子ども・児童・生徒が示したさまざまな行動から、自分自身の教え方やかかわり方が妥当であったかどうかについて考えることができ、自身の教育活動について考えることができるようになるのである。

　たとえば、子ども・児童・生徒の生活面を指導する、教育相談的にかかわる場合を考えてみたい。この場合も、本書などを通して理論的に学んだことを生かして子ども・児童・生徒とかかわり、指導をし、教育活動を行う。そして、その結果を、つまり、彼らの生活面がより良いものになったのか、彼らの抱えている課題・問題が解決し、さらなる成長がもたらされたのかという結果を、目の当たりにすることになる。彼らの抱えている課題・問題が極めて具体的な形で示され、それらに対するかかわり方の結果が、これもまた極めて具体的な形で示されることになる。これらのことを通して、子ども・児童・生徒をより具体的に知ることになり、理解の仕方を学ぶことができ、かかわり方を学ぶことができるようになるのである。

実践を通して学ぶことのできるものとは、一般論としての言葉を通して学ぶことのできることに比べて、はるかに具体的なものであると考えることができる。この学びを通して、我々は、目の前の子ども・児童・生徒がいかに学んでいるのか、いかなる問題を抱えているのか、つまりは、いかに生きているかということについて知ることができ、彼らへのかかわり方について、具体的に考えることができるのである。

2　実践知の重要性

　実践を通して学ぶことのできたものは、つまり、具体的な知は「実践知」と呼ぶことができるものである。一般的な仕方で提示された概念、言葉からではなく、目の前の子ども・児童・生徒とかかわることにより、見えてきた具体的な姿から得られる知識のことである。より良い教育者となろうとしている者は、目の前の子ども・児童・生徒から学ぶことができなければならず、自分自身の行った教育実践から学ぶことができなければならず、また、そのことを次の実践につなげることができなければならない。

　先にも述べたように、実践知の重要性を強調することは、理論的学びを軽視することにはならない。むしろ、実践知を得ることができるようになるために理論的学びが必要なのであり、理論的学びなくして実践的学びは不可能なのである。しっかりとした理論的な学びが、より良い教育実践を生み出し、そこから得られる実践知を支えるのである。目の前の子ども・児童・生徒から学ぶことの重要性を知っている教育者は、理論的学びの重要性もまた知っているのである。

　さらに、目の前の子ども・児童・生徒から学ぶことを知っている教育者は、自分自身の行った教育実践を適切な形で積み重ねることができる。つまり、具体的な知識を一つの特別な事例としてとどめるのではなく、そこから普遍的な知を見いだしたうえで、次の実践に生かすすべを知っているのである。理論的学びを深めていればいるほど、一つの教育実践から深く学ぶことができるようになり、より普遍的な学びをすることができるようになる。教育実践を積み重ねていくとは、実践知を深めることに他ならな

いのである。

第3節　実践者としての学び

1　実践者である自分について知る

　ここまで述べてきたように、子ども・児童・生徒と実際にかかわることにより、彼らのことをよく知ることができ、彼らとのかかわり方についてよく知ることができる。つまり、子ども・児童・生徒という、自分自身の教育活動の対象とする者への理解を深めることができる。

　しかし、教育実践を通して学ぶことのできる事柄は、このことにとどまらない。教育実践を行った者は、自分の行ったことが妥当であったかどうか、後からの振り返りにより考えなければならない。そのときに、自分自身の教育実践について、さまざまなことに気づき、あらためて理解することができる。と同時に、教育実践を行っている自分自身についてあらためて理解することができる。つまり、実践的学びを通して、実践を行っている自分自身についてより良く知ることができるようになるのである。

　教育実践を行う者は、自分がどれほどの教育活動を行うことのできる人間であるかを知らなければならない。このことは、ある概念を理論的にどれほど理解することができるか、ということを通しては得られない知であり、実際に教育実践をしてみなければ分からないことである。さらに、自分がどれほど教育活動を行うことのできない人間であるかについても、知らなければならない。これもまた、実際に実践をしてみないと分からないことであり、より良い教育者になるためには極めて重要な学びである。

　教育実践を通して、実践者であるところの自分について知ることは、極めて重要なことである。この学びを通して、今の自分の課題を知ることができるようになり、さらに、自分の学ぶべきことを知ることができるようになり、自分が教育者となるために、何をなすべきかを知ることができる

ようになるからである。教育者としての課題を知ることは、実践者として成長するために必要なことであり、それを知ることに、教育実践を行うことの意味を見いだすことができるのである。

2　課題を認識しつつ実践を積み重ねること

　教育実践を行い、自分の課題を見いだしつつ、それを克服するために、さらなる実践を重ねていくことを通して、実践者として成長することができる。つまり、実践的学びを生かして教育実践を積み重ねていくことが、実践者として成長していくためには必要不可欠なことなのである。

　実践者として成長するとは、より良い教育実践を行うことができるようになることに他ならない。教育実践の対象である子ども・児童・生徒の理解をより深めることができ、彼らの成長をより適切な仕方で促すことができ、実際に彼らが成長したという結果を得ることができることが、より良い教育実践の意味するところである。これらのことが可能となるためには、自分自身で教育実践を積み重ねていくことが重要であり、積み重ねの中で、実践をより深めていくことが重要である。

　今の実践を通して学んだことを、次の実践に生かさなければならない。つまり、次の実践に生かせるような実践的な学びをしなければならないのである。実践したことにより学んだことを生かし、自分がどこまででき、どこができなかったか、実践の成果と課題を深くとらえながら、次の実践を行い、さらなる学びを行わなければならない。ある実践を行うことにより、ある課題を見つけることができたならば、その課題を克服した実践を次の実践として行うよう努めなければならない。そうすることにより、自らの実践をより良いものにしていくことができ、それにより、今までは見えなかった新たなる課題が見えるようにもなる。課題を常に認識し、あらためて考えながら実践を積み重ねることにより、より良い教育者となっていくことができるのであり、教育者として成長していくことができるのである。

3　実践者として教育心理学を学ぶことの意味

　本章で学んできたとおり、教育者であろうとする限り、教育実践を積み重ねることを続けていかなければならない。そして、ただ教育実践を繰り返すのではなく、一つ一つの教育実践を通して実践的学びを行い、自らの実践をより深め、より高めていかなければならない。

　こうしたことを行うために、教育心理学を学ぶことはいかなる意味を持っているのであろうか。本書で学んできたとおり、教育心理学を通して、我々は、子ども・児童・生徒を理解する視点を多く持つことができるようになり、彼らに対するかかわり方を多く知ることができるようになった。当然のことであるが、教育心理学を理論的に学ぶ前に比べて、学んだ後のほうが、より良い教育実践を行うことができるようになっているはずである。

　しかし、先にも述べたとおり、理論的に学んだことは、言葉のレベルのことであり、それをもって全ての子ども・児童・生徒に対して、教育実践を適切な形で行うことができるようになるわけではない。より良い教育者であろうとする我々は、教育実践を行うことにより、実践的学びを行うことができるようになっていなければならない。

　教育心理学で学んだ概念は、全て、極めて実践的なものである。子ども・児童・生徒を含め、実際の人間をいかにして理解することができるかということが考えられる中で、発達、学習、適応などの概念が提示されてきた。さらに、それらの視点から理解された子ども・児童・生徒に対して、彼らの成長を促すための具体的な方法についても、さまざまな形で提示されてきた。教育心理学で提示された概念や方法をそのまま用いれば、ある程度の教育実践は可能なことであるかのようにすら思われる。

　しかし、最後にあらためて、実践的学びの重要性を強調したい。実践することを通してしか学ぶことのできないことを、学ぶことができるようになってこそ、教育者として成長することができるようになる。そのときに、教育心理学を通して理論的に学んだ諸概念や言葉の意味を、あらためて理解することができるようになるのである。理論的学びを理論的学びのまま

にしておいたならば、教育者としての真の学びが成立したとは言えない。しかし、実践的に学ぶことなく実践を繰り返しても、教育者としての成長は望めない。理論的学びを行いつつ、実践的学びもできるようになることが、教育者として成長するためには、極めて重要なことなのである。

　教育実践を行うことを常に意識をして、理論的学びを重ねていかなければならない。両者を常に関係づける意識を持ちながら学ぶことが、教育者として成長しようとしている人間にとって、最も重要なことなのである。

おわりに

　本書を閉じるに当たり、より良い教育者となろうとしている読者に対して、あらためてメッセージを送りたい。

　自らが教育活動を行うことにより、子ども・児童・生徒が成長を遂げたとき、大きな喜びを感じるであろう。さらに、そうした教育実践を積み重ねることにより、自らの教育者としての成長を実感することができたときもまた、大きな喜びを感じるであろう。教育心理学を理論的に学ぶことが、また、実践的に学ぶことが、こうした教育者としての喜びにつながっているはずである。教育者として、子ども・児童・生徒と学びを共にし、生活を共にすることは、大きな責任を生じることであるが、それは同時に大きな喜びも伴うものなのである。本書で教育心理学を学び、教職の学びの緒についた人たちが、教育者としての真の喜びを感じる日が遠からず訪れることを祈ってやまない。

【監修者紹介】

田中智志（たなか・さとし）
　　1958年生まれ
　　1990年　早稲田大学大学院文学研究科博士後期課程満期退学
　　現在：東京大学大学院教育学研究科教授、博士（教育学）
　　専攻：教育学（教育思想史、教育臨床学）
　　主要著書：『キーワード 現代の教育学』（共編著）東京大学出版会
　　　　　　　『社会性概念の構築―アメリカ進歩主義教育の概念史』東信堂
　　　　　　　『学びを支える活動へ―存在論の深みから』（編著）東信堂
　　　　　　　『プロジェクト活動―知と生を結ぶ学び』（共著）東京大学出版会
　　　　　　　『教育臨床学―〈生きる〉を学ぶ』高陵社書店

橋本美保（はしもと・みほ）
　　1963年生まれ
　　1990年　広島大学大学院教育学研究科博士課程後期中途退学
　　現在：東京学芸大学教育学部教授、博士（教育学）
　　専攻：教育学（教育史、カリキュラム）
　　主要著書：『明治初期におけるアメリカ教育情報受容の研究』風間書房
　　　　　　　『教育から見る日本の社会と歴史』（共著）八千代出版
　　　　　　　『プロジェクト活動―知と生を結ぶ学び』（共著）東京大学出版会
　　　　　　　『新しい時代の教育方法』（共著）有斐閣

【編著者紹介】

遠藤　司（えんどう・つかさ）
　1961年生まれ
　1993年　東京大学大学院教育学研究科博士課程満期退学
　現在：駒澤大学総合教育研究部教職課程部門教授、博士（教育学）
　専攻：教育心理学（障害児教育学・教育臨床学）
　主要著書：『重障児の身体と世界』風間書房
　　　　　　『実感から関係化へ－ある重度重複障害者と関わって－』春風社

【執筆者紹介】

遠藤　司（えんどう・つかさ）〔序章、終章〕
　【編著者紹介】参照

角野善司（すみの・ぜんじ）〔第1章〕
　1967年生まれ
　1997年　東京大学大学院教育学研究科博士後期課程満期退学
　現在：高崎健康福祉大学保健医療学部理学療法学科准教授、修士(教育学)
　専攻：心理学（教育心理学、発達心理学、well-being）

長尾　博（ながお・ひろし）〔第2章、第10章〕
　1951年生まれ
　1981年　九州大学大学院教育学研究科博士課程満期退学
　現在：活水女子大学文学部教授、博士（医学）
　専攻：臨床心理学、精神医学

髙橋　功（たかはし・いさお）〔第3章、第4章〕
　　1973年生まれ
　　2000年　広島大学教育学研究科教育心理学専攻博士課程後期退学
　　現在：山陽学園大学総合人間学部講師、修士（心理学）
　　専攻：教育心理学

松田侑子（まつだ・ゆうこ）〔第5章、第6章〕
　　1982年生まれ
　　2010年　筑波大学大学院博士課程人間総合科学研究科修了
　　現在：弘前大学教育学部講師、博士（心理学）
　　専攻：教育心理学、臨床心理学、発達心理学

川原誠司（かわはら・せいし）〔第7章〕
　　1969年生まれ
　　1998年　東京大学大学院教育学研究科博士課程満期退学
　　現在：宇都宮大学教育学部准教授、修士（教育学）
　　専攻：教育心理学（発達臨床心理学）

田端健人（たばた・たけと）〔第8章、第13章〕
　　1967年生まれ
　　1999年　東京大学大学院教育学研究科博士課程修了
　　現在：宮城教育大学准教授、博士（教育学）
　　専攻：教育学（教育哲学、教育実践研究）

橋本和幸（はしもと・かずゆき）〔第9章、第12章〕
　　1976年生まれ
　　2002年　横浜国立大学大学院教育学研究科修了
　　現在：了德寺大学教養教育センター准教授、修士（教育学）
　　専攻：臨床心理学、教育心理学

米田　薫（よねだ・かおる）〔第11章〕
　　1956年生まれ
　　1982年　大阪教育大学大学院教育学研究科修了
　　現在：大阪国際大学国際コミュニケーション学部教授、博士（臨床教育学）
　　専攻：カウンセリング心理学、臨床教育学

新・教職課程シリーズ　　教育心理学

2014年3月10日　初版第1刷発行

　　　　　　監修者　田中智志・橋本美保
　　　　　　編著者　遠藤　司
　　　　　　発行者　菊池公男

〒160-0022　東京都新宿区新宿1-6-11
一藝社　　　Tel. 03-5312-8890　Fax. 03-5312-8895
E-mail : info@ichigeisha.co.jp
HP : http://www.ichigeisha.co.jp
振替　東京00180-5-350802

©Satoshi Tanaka, Miho Hashimoto, 2014 Printed in Japan
ISBN 978-4-86359-060-1　C3037　印刷・製本/シナノ書籍印刷㈱
乱丁・落丁本はお取り替えいたします。

一藝社の本

新・教職課程シリーズ［全10巻］

田中智志・橋本美保◆監修

《一流執筆陣による新カリキュラムに対応した新シリーズ、ついに刊行！》

※各巻平均216頁

教職概論
高橋 勝◆編著
A5判　並製　定価（本体2,200円＋税）

教育の理念・歴史
田中智志・橋本美保◆編著
A5判　並製　定価（本体2,200円＋税）　ISBN 978-4-86359-057-1

教育の経営・制度
浜田博文◆編著
A5判　並製　定価（本体2,200円＋税）

教育心理学
遠藤 司◆編著
A5判　並製　定価（本体2,200円＋税）　ISBN 978-4-86359-060-1

教育課程論
山内紀幸◆編著
A5判　並製　定価（本体2,200円＋税）　ISBN 978-4-86359-058-8

道徳教育論
松下良平◆編著
A5判　並製　定価（本体2,200円＋税）

特別活動論
犬塚文雄◆編著
A5判　並製　定価（本体2,200円＋税）　ISBN 978-4-86359-056-4

教育方法論
広石英記◆編著
A5判　並製　定価（本体2,200円＋税）

生徒指導・進路指導
林 尚示◆編著
A5判　並製　定価（本体2,200円＋税）　ISBN 978-4-86359-059-5

教育相談
羽田紘一◆編著
A5判　並製　定価（本体2,200円＋税）